改訂版

聞いて覚えるスペイン語単語帳

キクタン

スペイン語

【初級編】

基本1000語レベル

アルク

はじめに
「キクタンスペイン語」とは

ベストセラー「キクタン」を、スペイン語学習に応用！

単語を聞いて覚える“「聞く」単語集”、すなわち「キクタン」。

「キクタン」シリーズはアルクの英単語学習教材からスタートしました。リズミカルな音楽に乗りながら楽しく語彙を学ぶ「チャンツ」という学習法を採用し、受験生からTOEICのスコアアップを狙う社会人まで、幅広いユーザーの支持を受けています。

本書は、この「キクタン」形式をベースに刊行された『改訂版 キクタンスペイン語【入門編】』に続く【初級編】として編まれました。コミュニケーションの道具としてのスペイン語を手にするために必要とされる1000語レベルの語彙が収められています。これらを駆使することで、いろいろなことがスペイン語で「できる」ようになるはずです。

日常のコミュニケーションで使われる、使用頻度の高い語彙を精選！

本書では、スペイン語で自己紹介をしたり、質問をしたり、無理なくコミュニケーションを図るうえで役に立つ536の単語やフレーズを学べます。スペイン語の語彙増強を図りたい人や、スペイン語圏への旅行や留学を計画している人にも、また仕事で使う人にもお勧めの一冊です。

なお、本文に出てくる例文は、シンプルな表現でありながら、使い勝手のよいことを念頭に置き、作られています。

本書は『キクタンスペイン語【初級編】』（初版：2013年1月28日）をもとに、時代に合わせた例文の見直しなどを行い、音声をダウンロード提供とした改訂版となります。

だから「ゼッタイに覚えられる」！
本書の4大特長

1 目と耳をフル活用して覚える！

だから、
スペイン語をリズムに乗って覚えられる！

リズミカルな音楽に乗って楽しく語彙の学習ができる「チャンツ音声」を用意。単語を耳で聞いて意味が分かるようになるだけでなく、思わず単語が口をついて出るほどしっかり身につく単語帳を目指しました。

2 名詞や動詞はセットで覚える！

だから、
名詞の性や動詞の活用もらくらくスムーズに覚えられる！

本書では冠詞と名詞をセットにして聞くので、名詞の性も自然に覚えられます。また、動詞は直説法点過去形の1人称単数・2人称単数・3人称単数の活用を音声収録しているので、より実践的な力がつきます。

3 1日8語、約10週間のカリキュラム学習！

だから、
ムリなくマスターできる！

「ゼッタイに覚える」ことを前提に、1日の学習語彙量を8語に抑えています。約10週間、計67日の「カリキュラム学習」ですので、ペースをつかみながら、効率的・効果的に語彙を身につけていくことができます。

4 536の語彙を厳選！

だから、
すぐに使える！

スペイン語学習の初級段階で必要な語彙をしっかり学習できます。学校や職場でスペイン語が必要な人にはもちろんのこと、旅行先でスペイン語を使って現地の人と直接コミュニケーションをとってみたい人にもピッタリの学習書です。

本書と音声の活用法

意味を覚えるだけでは終わらせない。発音や活用もしっかりマスター！

❖ 見出し語
見開きの左ページには学習語彙を掲載しています。

❖ 動詞の活用→動詞（点過去形）
音声は、「動詞の原形（不定詞）」→「日本語」に続いて、直説法点過去形の活用が「1人称単数形」→「2人称単数形」→「3人称単数形」の順で収録されています。また、見出し語の下にある番号は付録①「動詞の活用表」（40～52ページ）の活用パターンを示しています。

❖ 名詞
音声は、「名詞」→「日本語」→「定冠詞＋名詞」→「不定冠詞＋名詞」の順で収録されています。また、各見出し語の下には名詞の性を *M*（男性名詞）、*F*（女性名詞）で示しています。

❖ 形容詞
音声は、「形容詞」→「日本語」→「形容詞」の順で収録されています。なお、男性形と女性形が別の形の場合は、「形容詞（男性形）」→「日本語」→「男性形」→「女性形」の順で収録されています。

❖ 副詞
音声は、「副詞」→「日本語」→「副詞」の順で収録されています。

❖ その他（便利なフレーズ）
音声は、「スペイン語例文」→「日本語」の順で収録されています。

週数　見出し語番号　音声ファイル番号

第1週

動詞　名詞　形容詞　副詞　便利なフレーズ

CHECK-1 ▶ CHECK-2 ◀ 01 ▶

□ 001	quitarse ④	（衣服などを）脱ぐ
□ 002	ponerse ㉞	着る、身に着ける
□ 003	bañar ①	入浴させる
□ 004	bañarse ④	入浴する
□ 005	maquillarse ④	化粧する
□ 006	lograr ①	達成する
□ 007	ocurrir ③	起きる
□ 008	quitar ①	奪う、盗む、取り上げる

Quick Review ☛【P. 38】

□ comparar　□ seleccionar　□ confirmar　□ cubrir
□ valer　□ publicar　□ revisar　□ quemarse

8

【注意すべき点】

中南米：中南米で使われる表現　諺：ことわざ　複：複数形　✎：慣用表現、文法など

名詞　*M*：男性名詞　*F*：女性名詞　　**形容詞**　女性形は語尾のみ表示

動詞　動詞の下の番号は「動詞の活用表」（40～52ページ）の活用パターンの番号です。

例文　日常的によく使われる表現や、直説法点過去形を使った例文を多く取り上げました。文中の見出し語は赤字で示してあります。

１日の学習量は２ページ、８語です。
ダウンロード音声は、聞いているだけで楽しくなる「チャンツ音楽」のリズムに合わせて、♪ **"lograr"** → 達成する → **"logré" "lograste" "logró"** ♪というふうに、「スペイン語→日本語→スペイン語」の順に収録されています。

日数

1日目

CHECK-3

Se quitó los zapatos y tenía agujeros en los calcetines.
彼が靴を脱いだら、穴があいた靴下だった。

Se puso el traje y parecía otra persona.
スーツを着たら、別人のようだった。

Mi marido tiene miedo de bañar al bebé.
夫は赤ちゃんをお風呂に入れるのが怖い。

En Galicia me bañé en un *onsen* o aguas termales al estilo japonés.
私はガリシアで日本式の温泉に入った。

María se maquilla todos los días.
マリアは毎日、化粧をします。

¿Cómo lograsteis dejar de fumar?
君たちはどうやって煙草をやめることができたんだ？

Ha ocurrido un error. Por favor, inténtelo de nuevo.
エラーが発生しました。再度トライしてみてください。

Me quitaron la bicicleta.
私は自転車を盗まれた。

Quick Review
□ 比較する □ 選択する、選別する □ 確認する □ カバーする、覆う
□ 有効である、価値がある □ 出版する、公表する □ 見直す、点検する □ やけどする

9

CHECK-1
該当の音声ファイルを呼び出し、見出し語とその意味をチェック！

CHECK-2
音声に合わせて発音練習！
自然なスペイン語の発音を身につけるため、カタカナ表記はしてありません。耳と口をフル活用して練習してください。

CHECK-3
見出し語を含む例文・フレーズをチェック！
実践的な例文に触れることで、単語の使い方や理解度が高まります。

Quick Review
前日に学習した語彙のチェックリストです。左ページにスペイン語、右ページに日本語を掲載してあります。（ページ数の書いてあるものは、そのページを参照）

付属チェックシート
本書の赤字部分は、チェックシートで隠せるようになっています。
日本語の意味が身についているか確認しましょう。

目 次

音声ダウンロードについて

【パソコンをご利用の場合】
「アルク ダウンロードセンター」をご利用ください。

https: //portal-dlc.alc.co.jp/

商品コード（7024064）で検索し、［ダウンロード］ボタンをクリックして、音声ファイルをダウンロードしてください。

【スマートフォンをご利用の場合】
英語学習アプリ「booco」（無料）をご利用ください。本アプリのインストール方法は、カバー袖でご案内しています。商品コード（7024064）で検索して、音声ファイルをダウンロードしてください。（iOS、Android の両方に対応）

動詞

第1週

□1日目 01
□2日目 02
□3日目 03
□4日目 04
□5日目 05
□6日目 06
□7日目 07

第2週

□1日目 08
□2日目 09
□3日目 10
□4日目 11
□5日目 12
□6日目 13
□7日目 14

第3週

□1日目 15
□2日目 16

付録－1　動詞の活用表 .... 68 ～ 80

CHECK-1 ▶ CHECK-2 ◀ 01 ▶

□ 001
quitarse （衣服などを）脱ぐ
4

□ 002
ponerse 着る、身に着ける
34

□ 003
bañar 入浴させる
1

□ 004
bañarse 入浴する
4

□ 005
maquillarse 化粧する
4

□ 006
lograr 達成する
1

□ 007
ocurrir 起きる
3

□ 008
quitar 奪う、盗む、取り上げる
1

Quick Review

□ comparar	□ seleccionar	□ confirmar	□ cubrir
□ valer	□ publicar	□ revisar	□ quemarse

【P. 38】

Check-3

Se quitó los zapatos y tenía agujeros en los calcetines.

彼が靴を脱いだら、穴があいた靴下だった。

Se puso el traje y parecía otra persona.

スーツを着たら、別人のようだった。

Mi marido tiene miedo de bañar al bebé.

夫は赤ちゃんをお風呂に入れるのが怖い。

En Galicia me bañé en un *onsen* o aguas termales al estilo japonés.

私はガリシアで日本式の温泉に入った。

María se maquilla todos los días.

マリアは毎日、化粧をします。

¿Cómo lograsteis dejar de fumar?

君たちはどうやって煙草をやめることができたんだ？

Ha ocurrido un error. Por favor, inténtelo de nuevo.

エラーが発生しました。再度トライしてみてください。

Me quitaron la bicicleta.

私は自転車を盗まれた。

Quick Review

- [ ] 比較する
- [ ] 選択する、選別する
- [ ] 確認する
- [ ] カバーする、覆う
- [ ] 有効である、価値がある
- [ ] 出版する、公表する
- [ ] 見直す、点検する
- [ ] やけどする

CHECK-1 ► CHECK-2 ◄ 02 ►

☐ 009
almorzar
昼食をとる
36

☐ 010
merendar
おやつを食べる、
間食に…を食べる
8

☐ 011
brindar
乾杯する
1

☐ 012
cocinar
料理する、調理する
1

☐ 013
servir
給仕する、食事を出す
17

☐ 014
aprovechar
（有効に）利用する
1

☐ 015
celebrar
祝う、開催する
1

☐ 016
organizar
組織する、主催する
7

Quick Review

☐ quitarse	☐ ponerse	☐ bañar	☐ bañarse
☐ maquillarse	☐ lograr	☐ ocurrir	☐ quitar

CHECK-3

El presidente de México almorzó con el rey de España.

メキシコ大統領はスペイン国王と昼食をとった。

Merendé demasiados dulces.

おやつに甘いものを食べ過ぎた。

En la cena brindamos por la salud de todos.

晩餐会ではみんなの健康を祝して乾杯した。

Mi madre cocinó cocido madrileño.

母はコシード・マドリレーニョ（マドリッド風煮込み）を作った。

Pedí un café cortado y me sirvieron un café solo.

カフェ・コルタード（少量のミルク入りコーヒー）を注文したら、ブラックコーヒーが出てきた。

¡Que aproveche!

（食事の前に）どうぞお食事をお楽しみください！

¿Cómo celebraste tu último cumpleaños?

君の一番最後の誕生日はどのように祝ったの？

Organizaste muy bien el evento.

君はイベントをとてもうまく組織した。

Quick Review

- □ （衣服などを）脱ぐ
- □ 着る、身に着ける
- □ 入浴させる
- □ 入浴する
- □ 化粧する
- □ 達成する
- □ 起きる
- □ 奪う、盗む、取り上げる

動詞 名詞 形容詞 副詞 便利なフレーズ

Check-1 ▶ Check-2 ◀ 03 ▶

☐ 017
comunicar 伝達する
23

☐ 018
comunicarse 連絡を取る
24

☐ 019
expresar 表現する
1

☐ 020
informar 知らせる、通知する
1

☐ 021
mandar 送る
1

☐ 022
relacionarse 関係する、接触する
4

☐ 023
callar 黙る、言わない
1

☐ 024
callarse 黙る
4

Quick Review

☐ almorzar ☐ merendar ☐ brindar ☐ cocinar
☐ servir ☐ aprovechar ☐ celebrar ☐ organizar

CHECK-3

Yo le comuniqué su recado a mi jefe.

私はあなたのご伝言を上司に伝えました。

Me comuniqué con el hotel y cambié la reserva.

私はホテルに連絡して予約を変更した。

El presidente expresó sus condolencias a los familiares de las víctimas del atentado terrorista.

大統領はテロの犠牲者家族に弔慰を表した。

Nos informaron del posible cambio de programa de mañana.

明日の予定が変更になる可能性があると連絡を受けました。

Mandé un paquete por correo.

小包を郵便で送った。

Me relacioné con personas de varios países.

私はさまざまな国の人と交流した。

Si callas, nadie sabrá la verdad.

もし君が黙れば、誰も真実を知ることはないだろう。

¡Cállate!

黙れ！

Quick Review

- ☐ 昼食をとる
- ☐ おやつを食べる
- ☐ 乾杯する
- ☐ 料理する、調理する
- ☐ 給仕する、食事を出す
- ☐ （有効に）利用する
- ☐ 祝う、開催する
- ☐ 組織する、主催する

CHECK-1 ▶ CHECK-2 ◀ 04 ▶

動詞 名詞 形容詞 副詞 便利なフレーズ

☐ 025
perdonar 許す
1

☐ 026
disculparse 謝罪する
4

☐ 027
excusarse 詫びる、言い訳をする
4

☐ 028
aprovecharse （時に悪い意味で）利用する
4

☐ 029
marcharse 去る
4

☐ 030
fijar 定める、固定させる
1

☐ 031
reunir 集める
21

☐ 032
formar 構成する、作る、形成する
1

Quick Review

☐ comunicar	☐ comunicarse	☐ expresar	☐ informar
☐ mandar	☐ relacionarse	☐ callar	☐ callarse

Check-3

Perdonó al niño que le había insultado.

（彼は）彼のことを中傷した子どもを許した。

Se disculpó de todo corazón.

彼は心から謝罪をした。

Me excusé por haber llegado tarde.

私は遅刻したことを詫びた。

No está nada bien, ya que se aprovechó de las circunstancias.

全く良くないな、なぜなら、彼は（自分の利益のために）状況を利用したのだから。

Me marché de la fiesta sin despedirme.

私はあいさつをせずにパーティーを後にした。

Fijamos la fecha y el lugar de la cena.

私たちは夕食会の日程と場所を決めた。

Reuniste el valor suficiente para decírselo.

君は彼にそれを言うために十分な勇気をかき集めたね。

Mi tío formó parte del equipo de rescate.

叔父は救出チームの一員だった。

Quick Review

- □ 伝達する
- □ 連絡を取る
- □ 表現する
- □ 知らせる、通知する
- □ 送る
- □ 関係する、接触する
- □ 黙る、言わない
- □ 黙る

CHECK-1 ► CHECK-2 ◄05►

□ 033 limpiar ①	掃除する、清潔にする
□ 034 colgar 37	吊るす
□ 035 cargar 25	チャージする、かつぐ
□ 036 coger 10	つかむ、取る
□ 037 caer 27	落ちる
□ 038 apagar 25	消す
□ 039 mudarse ④	引っ越しする
□ 040 cuidar ①	…に気を配る、世話をする

Quick Review

□ perdonar □ disculparse □ excusarse □ aprovecharse
□ marcharse □ fijar □ reunir □ formar

CHECK-3

Limpié la casa antes de que volvieras.

君が帰ってくる前に家を掃除したよ。

Colgamos varios cuadros en la pared del salón.

私たちは居間の壁に何枚かの絵を掛けた。

Tengo que cargar la batería del móvil.

私は携帯電話を充電しなければならない。

Cogí las llaves del coche.

私は車の鍵を（手に）取った。

El yen japonés cayó frente al dólar.

日本円は対ドルレートが下がりました。
（日本円はドルに対して落ちました。）

Apagué la luz de la cocina.

私は台所の明かりを消した。

Me mudé varias veces en Madrid.

私はマドリッドで何度も引っ越した。

Hay que cuidar el medio ambiente.

環境を大切にしなければならない。

Quick Review

- [ ] 許す
- [ ] 去る
- [ ] 謝罪する
- [ ] 定める、固定させる
- [ ] 詫びる、言い訳をする
- [ ] 集める
- [ ] (時に悪い意味で) 利用する
- [ ] 構成する、作る、形成する

動詞
名詞
形容詞
副詞
便利なフレーズ

CHECK-1 ► CHECK-2 ◄ 06 ►

- [ ] 041
aburrir　退屈させる、うんざりさせる
③

- [ ] 042
aburrirse　退屈する、うんざりする
⑥

- [ ] 043
asustar　驚かせる
①

- [ ] 044
asustarse　驚く、びっくりする
④

- [ ] 045
disfrutar　楽しむ、享受する
①

- [ ] 046
temer　恐れる、心配する
②

- [ ] 047
dudar　疑う、確信がない
①

- [ ] 048
soñar　夢を見る
⑫

Quick Review

- [ ] limpiar
- [ ] colgar
- [ ] cargar
- [ ] coger
- [ ] caer
- [ ] apagar
- [ ] mudarse
- [ ] cuidar

CHECK-3

No quiero aburrirles con tantos discursos.

スピーチばかりで皆さんを退屈させたくない。

Me aburrí de estar en casa sin hacer nada.

私は、何もしないでうちにいることに退屈した。

Asusté al bebé al sonreírle.

私がほほ笑んだら、赤ちゃんを驚かせてしまった。

La niña pequeña se asustó con la lagartija.

小さな女の子はトカゲに驚いた。

Disfruté mucho el paseo en coche.

私はドライブをとても楽しんだ。

Temimos lo peor.

私たちは最悪の事態を恐れた。

Nunca dudé de ti.

私が君のことを疑ったことは一度もない。

Anoche soñé contigo.

昨晩君の夢を見たよ。

Quick Review

□ 掃除する、清潔にする　□ 吊るす　□ チャージする、かつぐ　□ つかむ、取る

□ 落ちる　□ 消す　□ 引っ越しする　□ …に気を配る、世話をする

CHECK-1 ► CHECK-2 ◄ 07 ►

□ 049
caminar 歩く
1

□ 050
cruzar 横切る、横断する、交差する
7

□ 051
girar 曲がる、回転する
1

□ 052
abrazar 抱擁する、ハグする
7

□ 053
besar キスする
1

□ 054
agradecer 感謝する
29

□ 055
despedirse 別れのあいさつをする
15

□ 056
acordarse 思い出す、覚えている
13

Quick Review

□ aburrir □ aburrirse □ asustar □ asustarse
□ disfrutar □ temer □ dudar □ soñar

Check-3

Caminé mucho y se me rompió un tacón.

たくさん歩いたら、（靴の）ヒールが壊れてしまった。

El accidente ocurrió cuando cruzaban la calle.

事故は、彼らが通りを渡っているときに起きた。

El coche de Fórmula 1 giró demasiado y volcó.

F1 の車はカーブしすぎてひっくり返った。

La madre abrazó a su hijo.

母親は息子を抱きしめた。

La princesa besó a la rana y esta se convirtió en príncipe.

お姫様がカエルにキスすると、（カエルは）王子様になった。

Le agradezco su invitación.

ご招待に感謝します。

Me despedí de mis compañeros uno por uno.

私は仲間に一人ずつ別れのあいさつをした。

Vi a un viejo amigo, pero no pude acordarme de su nombre.

旧友に会ったが、名前が思い出せなかった。

Quick Review

- [ ] 退屈させる、うんざりさせる
- [ ] 退屈する、うんざりする
- [ ] 驚かせる
- [ ] 驚く、びっくりする
- [ ] 楽しむ、享受する
- [ ] 恐れる、心配する
- [ ] 疑う、確信がない
- [ ] 夢を見る

CHECK-1 ► CHECK-2 ◄ 08 ►

□ 057
apoyar
1
支持する

□ 058
aconsejar
1
助言する

□ 059
aclarar
1
明らかにする、
はっきりさせる

□ 060
acordar
12
合意する、
(意見が一致して)決定する

□ 061
admitir
3
受け入れる、許容する

□ 062
negar
26
否定する

□ 063
acertar
8
言い当てる、…が的を射ている

□ 064
suponer
33
想定する、仮定する

Quick Review

□ caminar	□ cruzar	□ girar	□ abrazar
□ besar	□ agradecer	□ despedirse	□ acordarse

CHECK-3

Yo te apoyo en lo que tú decidas.

私は君の決断を支持する。

Mi padre me aconsejó que estudiara español.

父が私にスペイン語を勉強するように勧めてくれた。

Él no aclaró que no tenía culpa.

彼は彼の責任ではないということをはっきりさせなかった。

Los ministros acordaron cooperar en el área de la prevención de desastres.

大臣たちは防災分野で協力することに合意した。

El candidato presidencial admitió la derrota en las elecciones.

大統領候補は選挙での敗北を認めた。

El ministro negó que se fuera a subir el IVA en enero.

大臣は 1 月に付加価値税が上がることを否定した。

Acertaste la respuesta.

君は答えを言い当てた。

Supuse que lo que él decía no era verdad.

私は、彼が言っていたことは真実ではないと想定した。

Quick Review

- [ ] 歩く
- [ ] 横切る、横断する、交差する
- [ ] 曲がる、回転する
- [ ] 抱擁する、ハグする
- [ ] キスする
- [ ] 感謝する
- [ ] 別れのあいさつをする
- [ ] 思い出す、覚えている

CHECK-1 ► CHECK-2 ◄ 09 ►

動詞 名詞 形容詞 副詞 便利なフレーズ

□ 065
comenzar 始まる、始める
9

□ 066
reunirse 集まる
22

□ 067
proponer 提案する
33

□ 068
realizar 実行する、実現する
7

□ 069
valorar 評価する、高く評価する
1

□ 070
actuar 行動する
19

□ 071
completar 終える、完全なものにする、完成させる
1

□ 072
dirigir 監督する、指導する、指揮する
11

Quick Review

□ apoyar	□ aconsejar	□ aclarar	□ acordar
□ admitir	□ negar	□ acertar	□ suponer

Check-3

La película comenzó con una batalla.

映画は闘いで始まった。

Nos reunimos todos para celebrar el cumpleaños.

私たちは、誕生日を祝うためにみんなで集まりました。

Los estudiantes propusieron un nuevo horario de clases.

学生は新たなクラスの時間割を提案した。

Busco japoneses para realizar actividades culturales de Japón.

私は日本の文化行事をするために、日本人を探している。

Los directivos de la empresa valoraron muy positivamente su iniciativa.

会社の役員は彼のイニシアチブを高く評価した。

¿Sabe cómo actuar en caso de terremoto?

地震のとき、どのように行動すべきかご存知ですか？

Completó su saludo con palabras de agradecimiento.

あいさつを感謝の言葉で締めくくった。

Almodóvar dirigió la película *Volver*.

アルモドバルは映画『帰郷』を監督した。

Quick Review

- [ ] 支持する
- [ ] 助言する
- [ ] 明らかにする、はっきりさせる
- [ ] 合意する
- [ ] 受け入れる、許容する
- [ ] 否定する
- [ ] 言い当てる、…が的を射ている
- [ ] 想定する、仮定する

CHECK-1 ▶ CHECK-2 ◀ 10 ▶

動詞
名詞
形容詞
副詞
便利なフレーズ

□ 073
alquilar 賃貸借する
1

□ 074
contratar 契約する
1

□ 075
importar 輸入する、重要である
1

□ 076
vender 売る
2

□ 077
ordenar 命じる、整理する
1

□ 078
producir 生産する、産出する
28

□ 079
emplear 用いる、雇う
1

□ 080
despedir 解雇する
14

Quick Review

□ comenzar □ reunirse □ proponer □ realizar
□ valorar □ actuar □ completar □ dirigir

Check-3

Alquilé un coche en Barcelona.

バルセロナでレンタカーを借りた。

Contraté a un abogado muy bueno.

とても良い弁護士を雇った。

Esta empresa importa productos de Japón.

この会社は日本の商品を輸入している。

Vendió el iPad antiguo.

彼は古い iPad を売った。

Ordenaron el cierre de la fábrica.

工場の閉鎖が命じられた。

Andalucía produce mucho aceite de oliva.

アンダルシアはオリーブオイルをたくさん産出している。

No supe emplear bien el tiempo.

私は時間をうまく使えなかった。

Despidió a su secretaria en un abrir y cerrar de ojos.

あっという間に秘書を解雇してしまった。

en un abrir y cerrar de los ojos
＝あっという間に

Quick Review

- □ 始まる、始める
- □ 評価する、高く評価する
- □ 集まる
- □ 行動する
- □ 提案する
- □ 終える
- □ 実行する、実現する
- □ 監督する、指揮する

CHECK-1 ► CHECK-2 ◄ 11 ►

□ 081
aprobar 合格する
1

□ 082
repetir 繰り返す
14

□ 083
practicar 練習する
23

□ 084
esquiar スキーをする
20

□ 085
nadar 泳ぐ
1

□ 086
hacer (天候が)…である
32
3人称単数形を用いる

□ 087
nevar 雪が降る
8

□ 088
preferir (…よりも)…のほうを好む
18

Quick Review

□ alquilar	□ contratar	□ importar	□ vender
□ ordenar	□ producir	□ emplear	□ despedir

CHECK-3

Aprobé tres asignaturas pero me quedan otras tres todavía.

３科目に合格しましたが、まだ３科目残っています。

Juan suspendió el curso y tuvo que repetirlo.

フアンは落第したので、（同じ学年を）もう一度やり直さなければならなかった。

Practicó mucho hasta que le cogió el truco perfectamente.

完璧にコツをつかむまでよく練習した。

De pequeño yo esquié bastante.

私は小さいころ、かなりスキーをした。

Nadé un kilómetro y casi me ahogo.

私は１キロ泳いで溺れそうになった。

El fin de semana pasado hizo buen tiempo.

先週末は良い天気だった。

Nevó tanto que las carreteras se cerraron.

大雪で道路が閉鎖された。

Prefiero viajar en tren.

（私は）電車で旅行するほうを好む。

Quick Review

- [ ] 賃貸借する
- [ ] 契約する
- [ ] 輸入する、重要である
- [ ] 売る
- [ ] 命じる、整理する
- [ ] 生産する、産出する
- [ ] 用いる、雇う
- [ ] 解雇する

CHECK-1 ▶ CHECK-2 ◀ 12 ▶

☐ 089
cansar 疲れさせる
1

☐ 090
cansarse 疲れる
4

☐ 091
brillar 輝く
1

☐ 092
quemar 焼く、燃やす
1

☐ 093
mantener 維持する
31

☐ 094
caber （収容能力、容量が）入り得る
30

☐ 095
quedar 残る、とどまる
1

☐ 096
unir 結び付ける
3

Quick Review

☐ aprobar	☐ repetir	☐ practicar	☐ esquiar
☐ nadar	☐ hacer	☐ nevar	☐ preferir

CHECK-3

No quiero cansar al público con mi discurso.

私のスピーチで聴衆を疲れさせたくない。

Me cansé de esperar.

私は待つのに疲れた。

En este partido los goles brillan por su ausencia.

この試合ではゴールが全くない。

brillar por su ausencia ＝いないのでかえって目立つ、あるべきものがない

¡Quemaron la bandera de España!

スペインの国旗が燃やされた！

Los niños mantuvieron la calma durante el terremoto.

子どもたちは地震の間、冷静さを保った。

La foto no cabía en el marco.

写真がフレームに入りきらなかった。

A mí solo me quedan 50 euros.

私は 50 ユーロしか残ってないよ。

El puente une dos pueblos.

橋は二つの村を結び付けている。

Quick Review

- [ ] 合格する
- [ ] 繰り返す
- [ ] 練習する
- [ ] スキーをする
- [ ] 泳ぐ
- [ ] （天候が）…である
- [ ] 雪が降る
- [ ] …のほうを好む

CHECK-1 ▶ CHECK-2 ◀ 13 ▶

□ 097
partir　出発する
3

□ 098
conducir　運転する
28

□ 099
parar　止まる、止める
1

□ 100
detener　止める、はばむ
31

□ 101
aparcar　駐車する
23

□ 102
acercar　近づける
23

□ 103
acercarse　近づく
24

□ 104
acompañar　付き添う、一緒に行く
1

Quick Review
□ cansar　□ cansarse　□ brillar　□ quemar
□ mantener　□ caber　□ quedar　□ unir

CHECK-3

Al día siguiente partimos para Santiago de Compostela.

次の日、私たちはサンティアゴ・デ・コンポステーラに向けて出発した。

Condujo en sentido contrario pero no causó ningún accidente.

車を反対方向に運転したが、事故は起こさなかった。

Este tren no para en la siguiente estación.

この電車は次の駅には止まりません。

Detuvo su coche y evitó por muy poco el choque.

あわやのところで車を止め、衝突を回避した。

Aparcaste mal y rozaste el coche con una columna del estacionamiento.

君の駐車の仕方が悪かったから、車を駐車場の柱にこすってしまった。

¿Te acerco a algún lugar?

どこかへ乗せていってあげましょうか？

Me acerqué para verlo mejor.

私はよく見るために近づいた。

Acompañé a mi madre al hospital.

私は母に付き添って病院に行った。

- [ ] 疲れさせる
- [ ] 疲れる
- [ ] 輝く
- [ ] 焼く、燃やす
- [ ] 維持する
- [ ] (収容能力、容量が)入り得る
- [ ] 残る、とどまる
- [ ] 結び付ける

動詞 名詞 形容詞 副詞 便利なフレーズ

CHECK-1 ► CHECK-2 ◄ 14 ►

☐ 105
abandonar 放棄する、見捨てる
1

☐ 106
atreverse 思い切って…する
5

☐ 107
atacar 攻撃する
23

☐ 108
cumplir 満…歳になる、責任・義務を果たす
3

☐ 109
añadir 付け加える、追加する、加える
3

☐ 110
seguir 従う、…の後についていく
16

☐ 111
entregar 手渡す
25

☐ 112
resultar ＋不定詞 （…であることが）判明する
1

Quick Review

☐ partir	☐ conducir	☐ parar	☐ detener
☐ aparcar	☐ acercar	☐ acercarse	☐ acompañar

CHECK-3

Su marido la abandonó a ella y a sus hijas y se casó con otra mujer.
彼女の夫は彼女と子どもたちを捨てて、ほかの女性と結婚した。

No me atreví a decir la verdad.

atreverse a ＋不定詞の形でよく使われる

私は思い切って本当のことを言うことができなかった。

Los hackers atacaron las páginas del gobierno y de los partidos de Japón.
ハッカーが日本の政府や政党のページを攻撃した。

Lucía cumplió quince años el mes pasado.

ルシアは先月15歳になった。

El escritor añadió una explicación entre paréntesis.

作家はカッコ内に説明を付け加えた。

Seguí las instrucciones para montar el juguete pero no funcionó.
おもちゃを組み立てるのに指示通りにしたが、動かなかった。

La actriz Angelina Jolie entregó el Oscar al mejor guión.

女優のアンジェリーナ・ジョリーが最優秀脚本賞を手渡した。

Compró un cuadro por siete dólares y resultó ser un Renoir.

7ドルで絵を買ったら、ルノワールの絵だった。

Quick Review

- ☐ 出発する
- ☐ 運転する
- ☐ 止まる、止める
- ☐ 止める、はばむ
- ☐ 駐車する
- ☐ 近づける
- ☐ 近づく
- ☐ 付き添う、一緒に行く

CHECK-1 ► CHECK-2 ◄ 15 ►

☐ 113
marchar 進む、(物事が) うまく運ぶ
1

☐ 114
subir 上がる、上昇する
3

☐ 115
pesar 重さがある
1

☐ 116
fijarse 注意して見る
4

☐ 117
guardar 保管する
1

☐ 118
recoger 拾う、(果実を) 摘む
10

☐ 119
dedicarse a …に従事する
24
a は前置詞

☐ 120
relacionar con (…と) 関連付ける
1
con は前置詞

Quick Review

☐ abandonar ☐ atreverse ☐ atacar ☐ cumplir
☐ añadir ☐ seguir ☐ entregar ☐ resultar + 不定詞

CHECK-3

El negocio no marcha bien.

商売はうまくいっていない。

¿Cuánto subió el yen frente al euro?

対ユーロで円はどのくらい上がりましたか？

Dime cuánto pesaste al nacer.

生まれたときの体重はどのくらいだったか教えて。
（生まれたとき、君はどのくらいの重さがあったか教えて。）

Fíjate bien.

注意して見てごらん。

Guardé el dinero en casa.

お金を家に保管した。

Quien siembra vientos, recoge tempestades.

風を蒔くものは、嵐を収穫する。
（自分が蒔いた種の結果は、自分に跳ね返ってくる。）

Me dediqué a vender coches por un tiempo.

私はある時期、車の販売に従事していました。

El jefe relaciona el éxito con el modo eficiente de trabajar de sus empleados.

上司は、成功は彼の従業員たちの効率的な働き方にあるとみている。

Quick Review

- □ 放棄する、見捨てる
- □ 思い切って…する
- □ 攻撃する
- □ 満…歳になる
- □ 付け加える、追加する
- □ 従う、…の後についていく
- □ 手渡す
- □ （…であることが）判明する

Check-1 ▶ Check-2 16

□ 121
comparar 比較する
1

□ 122
seleccionar 選択する、選別する
1

□ 123
confirmar 確認する
1

□ 124
cubrir カバーする、覆う
3

□ 125
valer 有効である、価値がある
35

□ 126
publicar 出版する、公表する
23

□ 127
revisar 見直す、点検する
1

□ 128
quemarse やけどする
4

Quick Review

□ marchar	□ subir	□ pesar	□ fijarse
□ guardar	□ recoger	□ dedicarse a	□ relacionar con

Check-3

Comparamos calidad y precio de varias marcas.

私たちはいろいろなブランドの質と値段を比べた。

En el supermercado seleccioné la fruta en mejor estado.

私はスーパーでより良い状態のフルーツを選んだ。

Pepe confirmó la reserva en el restaurante.

ぺぺはレストランの予約を確認した。

¿Sabes qué cubre el seguro de viajero?

旅行者保険が何をカバーしているか知っていますか？

Este cupón de descuento vale hasta el 30 de septiembre.

この割引券は 9 月 30 日まで有効です。

La primera parte de *Don Quijote de la Mancha* fue publicada en 1605.

ドン・キホーテの前半は 1605 年に出版された。

Revisar el manual es imprescindible.

マニュアルの見直しは必須だ。

Mi hijo se quemó con agua hirviendo.

息子は熱湯でやけどをした。

Quick Review

- □ 進む、（物事が）うまく運ぶ
- □ 上がる、上昇する
- □ 重さがある
- □ 注意して見る
- □ 保管する
- □ 拾う、（果実を）摘む
- □ …に従事する
- □ （…と）関連付ける

付録 -1：動詞の活用表

◄ 68 ►

■規則活用（①、②、③） 赤字部分が活用変化します。【例】bañar (p. 8) の場合、規則活用動詞ですので、-ar 部分が同様に活用変化します。

1 hablar　話す　ar 動詞規則活用

直説法現在形	直説法点過去形	直説法線過去形
hablo	hablé	hablaba
hablas	hablaste	hablabas
habla	habló	hablaba
hablamos	hablamos	hablábamos
habláis	hablasteis	hablabais
hablan	hablaron	hablaban

2 comer　食べる　er 動詞規則活用

直説法現在形	直説法点過去形	直説法線過去形
como	comí	comía
comes	comiste	comías
come	comió	comía
comemos	comimos	comíamos
coméis	comisteis	comíais
comen	comieron	comían

3 vivir　住む　ir 動詞規則活用

直説法現在形	直説法点過去形	直説法線過去形
vivo	viví	vivía
vives	viviste	vivías
vive	vivió	vivía
vivimos	vivimos	vivíamos
vivís	vivisteis	vivíais
viven	vivieron	vivían

69

■再帰動詞の規則活用（④、⑤、⑥） 再帰代名詞（se）も活用することに注意！

4 aprovecharse 利用する ar 動詞

直説法現在形	直説法点過去形	直説法線過去形
me aprovecho	me aproveché	me aprovechaba
te aprovechas	te aprovechaste	te aprovechabas
se aprovecha	se aprovechó	se aprovechaba
nos aprovechamos	nos aprovechamos	nos aprovechábamos
os aprovecháis	os aprovechasteis	os aprovechabais
se aprovechan	se aprovecharon	se aprovechaban

5 atreverse 思い切って…する er 動詞

直説法現在形	直説法点過去形	直説法線過去形
me atrevo	me atreví	me atrevía
te atreves	te atreviste	te atrevías
se atreve	se atrevió	se atrevía
nos atrevemos	nos atrevimos	nos atrevíamos
os atrevéis	os atrevisteis	os atrevíais
se atreven	se atrevieron	se atrevían

6 aburrirse 退屈する ir 動詞

直説法現在形	直説法点過去形	直説法線過去形
me aburro	me aburrí	me aburría
te aburres	te aburriste	te aburrías
se aburre	se aburrió	se aburría
nos aburrimos	nos aburrimos	nos aburríamos
os aburrís	os aburristeis	os aburríais
se aburren	se aburrieron	se aburrían

70

■さまざまな不規則活用 不規則に活用変化する箇所のうち、特に注意を要する箇所を赤字で示してあります。

7 abrazar 抱擁する 点過去形 1 人称単数形 (z→c)

直説法現在形	直説法点過去形	直説法線過去形
abrazo	abracé	abrazaba
abrazas	abrazaste	abrazabas
abraza	abrazó	abrazaba
abrazamos	abrazamos	abrazábamos
abrazáis	abrazasteis	abrazabais
abrazan	abrazaron	abrazaban
【例】 organizar, cruzar, realizar		

8 merendar おやつを食べる 語幹母音変化動詞 (e→ie)

直説法現在形	直説法点過去形	直説法線過去形
meriendo	merendé	merendaba
meriendas	merendaste	merendabas
merienda	merendó	merendaba
merendamos	merendamos	merendábamos
merendáis	merendasteis	merendabais
meriendan	merendaron	merendaban
【例】 acertar, nevar		

9 comenzar 始まる 語幹母音変化動詞 (e→ie)、点過去形 1 人称単数形 (z→c)

直説法現在形	直説法点過去形	直説法線過去形
comienzo	comencé	comenzaba
comienzas	comenzaste	comenzabas
comienza	comenzó	comenzaba
comenzamos	comenzamos	comenzábamos
comenzáis	comenzasteis	comenzabais
comienzan	comenzaron	comenzaban

10 coger　つかむ　現在形 1 人称単数形 (g→j)

直説法現在形	直説法点過去形	直説法線過去形
cojo	cogí	cogía
coges	cogiste	cogías
coge	cogió	cogía
cogemos	cogimos	cogíamos
cogéis	cogisteis	cogíais
cogen	cogieron	cogían

【例】 recoger

11 dirigir　監督する　現在形 1 人称単数形 (g→j)

直説法現在形	直説法点過去形	直説法線過去形
dirijo	dirigí	dirigía
diriges	dirigiste	dirigías
dirige	dirigió	dirigía
dirigimos	dirigimos	dirigíamos
dirigís	dirigisteis	dirigíais
dirigen	dirigieron	dirigían

12 acordar　合意する　語幹母音変化動詞 (o→ue)

直説法現在形	直説法点過去形	直説法線過去形
acuerdo	acordé	acordaba
acuerdas	acordaste	acordabas
acuerda	acordó	acordaba
acordamos	acordamos	acordábamos
acordáis	acordasteis	acordabais
acuerdan	acordaron	acordaban

【例】 soñar

72

13 acordarse　思い出す　語幹母音変化動詞 (o→ue)、再帰動詞

直説法現在形	直説法点過去形	直説法線過去形
me acuerdo	me acordé	me acordaba
te acuerdas	te acordaste	te acordabas
se acuerda	se acordó	se acordaba
nos acordamos	nos acordamos	nos acordábamos
os acordáis	os acordasteis	os acordabais
se acuerdan	se acordaron	se acordaban

14 despedir　解雇する　語根母音変化動詞 (e→i)

直説法現在形	直説法点過去形	直説法線過去形
despido	despedí	despedía
despides	despediste	despedías
despide	despidió	despedía
despedimos	despedimos	despedíamos
despedís	despedisteis	despedíais
despiden	despidieron	despedían
【例】 repetir		

15 despedirse　別れのあいさつをする　語根母音変化動詞 (e→i)、再帰動詞

直説法現在形	直説法点過去形	直説法線過去形
me despido	me despedí	me despedía
te despides	te despediste	te despedías
se despide	se despidió	se despedía
nos despedimos	nos despedimos	nos despedíamos
os despedís	os despedisteis	os despedíais
se despiden	se despidieron	se despedían

16 seguir 従う 語根母音変化動詞 (e→i)、現在形 1 人称単数形 (u が消える)

直説法現在形	直説法点過去形	直説法線過去形
sigo	seguí	seguía
sigues	seguiste	seguías
sigue	siguió	seguía
seguimos	seguimos	seguíamos
seguís	seguisteis	seguíais
siguen	siguieron	seguían

17 servir 給仕する 語根母音変化動詞 (e→i)

直説法現在形	直説法点過去形	直説法線過去形
sirvo	serví	servía
sirves	serviste	servías
sirve	sirvió	servía
servimos	servimos	servíamos
servís	servisteis	servíais
sirven	sirvieron	servían

18 preferir …のほうを好む 語根母音変化動詞 (e→ie)、点過去 (e→i)

直説法現在形	直説法点過去形	直説法線過去形
prefiero	preferí	prefería
prefieres	preferiste	preferías
prefiere	prefirió	prefería
preferimos	preferimos	preferíamos
preferís	preferisteis	preferíais
prefieren	prefirieron	preferían

74

19 actuar 行動する 現在形 (u→ú)

直説法現在形	直説法点過去形	直説法線過去形
actúo	actué	actuaba
actúas	actuaste	actuabas
actúa	actuó	actuaba
actuamos	actuamos	actuábamos
actuáis	actuasteis	actuabais
actúan	actuaron	actuaban

20 esquiar スキーをする 現在形 (i→í)

直説法現在形	直説法点過去形	直説法線過去形
esquío	esquié	esquiaba
esquías	esquiaste	esquiabas
esquía	esquió	esquiaba
esquiamos	esquiamos	esquiábamos
esquiáis	esquiasteis	esquiabais
esquían	esquiaron	esquiaban

21 reunir 集める 現在形 (u→ú)

直説法現在形	直説法点過去形	直説法線過去形
reúno	reuní	reunía
reúnes	reuniste	reunías
reúne	reunió	reunía
reunimos	reunimos	reuníamos
reunís	reunisteis	reuníais
reúnen	reunieron	reunían

75

22 reunirse　集まる　現在形 (u→ú)、再帰動詞

直説法現在形	直説法点過去形	直説法線過去形
me reúno	me reuní	me reunía
te reúnes	te reuniste	te reunías
se reúne	se reunió	se reunía
nos reunimos	nos reunimos	nos reuníamos
os reunís	os reunisteis	os reuníais
se reúnen	se reunieron	se reunían

23 acercar　近づける　点過去形 1 人称単数形 (-qué)

直説法現在形	直説法点過去形	直説法線過去形
acerco	acerqué	acercaba
acercas	acercaste	acercabas
acerca	acercó	acercaba
acercamos	acercamos	acercábamos
acercáis	acercasteis	acercabais
acercan	acercaron	acercaban
【例】 comunicar, practicar, aparcar, atacar, publicar		

24 acercarse　近づく　点過去形 1 人称単数形 (-qué)、再帰動詞

直説法現在形	直説法点過去形	直説法線過去形
me acerco	me acerqué	me acercaba
te acercas	te acercaste	te acercabas
se acerca	se acercó	se acercaba
nos acercamos	nos acercamos	nos acercábamos
os acercáis	os acercasteis	os acercabais
se acercan	se acercaron	se acercaban
【例】 comunicarse, dedicarse		

25 apagar 消す 点過去形 1 人称単数形 (-gué)

直説法現在形	直説法点過去形	直説法線過去形
apago	apagué	apagaba
apagas	apagaste	apagabas
apaga	apagó	apagaba
apagamos	apagamos	apagábamos
apagáis	apagasteis	apagabais
apagan	apagaron	apagaban
【例】 cargar, entregar		

26 negar 否定する 語根母音変化動詞 (e→ie)、点過去形 1 人称単数形 (-gué)

直説法現在形	直説法点過去形	直説法線過去形
niego	negué	negaba
niegas	negaste	negabas
niega	negó	negaba
negamos	negamos	negábamos
negáis	negasteis	negábais
niegan	negaron	negaban

27 caer 落ちる 現在形 1 人称単数形 (ig を挿入)、点過去形 3 人称 (i→y)

直説法現在形	直説法点過去形	直説法線過去形
caigo	caí	caía
caes	caíste	caías
cae	cayó	caía
caemos	caímos	caíamos
caéis	caísteis	caíais
caen	cayeron	caían

77

28 conducir　運転する　現在形1人称単数形（子音zを挿入）、点過去形（c→j）

直説法現在形	直説法点過去形	直説法線過去形
conduzco	conduje	conducía
conduces	condujiste	conducías
conduce	condujo	conducía
conducimos	condujimos	conducíamos
conducís	condujisteis	conducíais
conducen	condujeron	conducían
【例】 producir		

29 agradecer　感謝する　現在形1人称単数形（子音zを挿入）

直説法現在形	直説法点過去形	直説法線過去形
agradezco	agradecí	agradecía
agradeces	agradeciste	agradecías
agradece	agradeció	agradecía
agradecemos	agradecimos	agradecíamos
agradecéis	agradecisteis	agradecíais
agradecen	agradecieron	agradecían

30 caber　（収容能力、容量）入り得る　現在形1人称単数形、点過去形が不規則活用

直説法現在形	直説法点過去形	直説法線過去形
quepo	cupe	cabía
cabes	cupiste	cabías
cabe	cupo	cabía
cabemos	cupimos	cabíamos
cabéis	cupisteis	cabíais
caben	cupieron	cabían

78

31 detener 止める

語幹母音変化動詞 (e→ie)、現在形1人称単数形、点過去形が不規則活用

直説法現在形	直説法点過去形	直説法線過去形
detengo	detuve	detenía
detienes	detuviste	detenías
detiene	detuvo	detenía
detenemos	detuvimos	deteníamos
detenéis	detuvisteis	deteníais
detienen	detuvieron	detenían
【例】 mantener		

32 hacer （天候が）…である、する、作る

現在形1人称単数形、点過去形が不規則活用

直説法現在形	直説法点過去形	直説法線過去形
hago	hice	hacía
haces	hiciste	hacías
hace	hizo	hacía
hacemos	hicimos	hacíamos
hacéis	hicisteis	hacíais
hacen	hicieron	hacían

「（天候が）…である」の意味では3人称単数形のみが用いられる。「する」「作る」の意味では主語の人称に合わせて用いられる

33 proponer 提案する

現在形1人称単数形、点過去形が不規則活用

直説法現在形	直説法点過去形	直説法線過去形
propongo	propuse	proponía
propones	propusiste	proponías
propone	propuso	proponía
proponemos	propusimos	proponíamos
proponéis	propusisteis	proponíais
proponen	propusieron	proponían
【例】 suponer		

79

34 ponerse 着る 現在形１人称単数形、点過去形が不規則活用、再帰動詞

直説法現在形	直説法点過去形	直説法線過去形
me pongo	me puse	me ponía
te pones	te pusiste	te ponías
se pone	se puso	se ponía
nos ponemos	nos pusimos	nos poníamos
os ponéis	os pusisteis	os poníais
se ponen	se pusieron	se ponían

35 valer 有効である 現在形１人称単数形が不規則活用

直説法現在形	直説法点過去形	直説法線過去形
valgo	valí	valía
vales	valiste	valías
vale	valió	valía
valemos	valimos	valíamos
valéis	valisteis	valíais
valen	valieron	valían

36 almorzar 昼食をとる 語幹母音変化動詞 (o→ue)、点過去形１人称単数形 (z→c)

直説法現在形	直説法点過去形	直説法線過去形
almuerzo	almorcé	almorzaba
almuerzas	almorzaste	almorzabas
almuerza	almorzó	almorzaba
almorzamos	almorzamos	almorzábamos
almorzáis	almorzasteis	almorzabais
almuerzan	almorzaron	almorzaban

80

37 colgar 吊るす

語幹母音変化動詞 (o→ue)、
点過去形 1 人称単数形 (gé→gué)

直説法現在形	直説法点過去形	直説法線過去形
cuelgo	colgué	colgaba
cuelgas	colgaste	colgabas
cuelga	colgó	colgaba
colgamos	colgamos	colgábamos
colgáis	colgasteis	colgabais
cuelgan	colgaron	colgaban

Memo

名詞

CHECK-1 ▶ CHECK-2 ◀ 17 ▶

□ 129
billete 切符、チケット
M

□ 130
boleto 切符、チケット
M 中南米

□ 131
ida 往路、行くこと
F

□ 132
carné de identidad 身分証明書
M

□ 133
pasaporte パスポート
M

□ 134
excursión 遠足、小旅行
F

□ 135
plano 地図、図面
M

□ 136
reserva 予約
F

Quick Review

□ lado	□ barba	□ bigote	□ girasol
□ planta	□ acento	□ gramática	□ vocabulario

【P. 120】

Check-3

Quiero comprar un billete de ida y vuelta.

私は往復切符を１枚買いたいです。

(de) ida y vuelta ＝往復（の）

¡Me ha tocado en la rifa el boleto de avión a México!

クジでメキシコ行き航空券が当たった！

¿Cuánto cuesta un billete de ida y vuelta?

往復チケットはいくらですか？

A la hora de pagar con tarjeta, te piden que muestres tu carné de identidad.

カードで支払う際には、身分証明書の提示が求められる。

Tengo que sacarme el pasaporte.

私はパスポートを取らなければならない。

Este fin de semana tenemos una excursión a los Pirineos.

今週末はピレネーに遠足だ。

En los hoteles siempre dan planos de la ciudad.

ホテルでは町の地図がいつももらえる。

Tenéis una reserva de una habitación para dos noches.

お部屋を一つ、２泊で予約されています。

Quick Review

- [ ] 側、辺
- [ ] 植物
- [ ] （頬と顎の）ひげ
- [ ] アクセント
- [ ] 口ひげ
- [ ] 文法
- [ ] ひまわり
- [ ] 語彙、ボキャブラリー

CHECK-1 ▶ CHECK-2 ◀ 18 ▶

□ 137
habitación 部屋
F

□ 138
bolso バッグ
M

□ 139
entrada 入場券、入り口
F

□ 140
salida 出口
F

□ 141
maleta スーツケース
F

□ 142
mochila リュックサック
F

□ 143
turista 観光客
M F

□ 144
vacación 休暇
F
複数形で使用されることが多い

Quick Review

□ billete □ boleto □ ida □ carné de identidad
□ pasaporte □ excursión □ plano □ reserva

CHECK-3

Comparto la habitación con mi hermano.

私は弟と部屋をシェアしている。

Ella llevaba un bolso de viaje.

彼女は旅行カバンを持っていた。

Tengo dos entradas para el partido de fútbol del fin de semana.

私は週末のサッカーの試合のチケットが２枚ある。

Esta puerta es de salida, no es de entrada.

このドアは出口で、入口ではない。

¿Cuál es tu maleta?

君のスーツケースはどれですか?

Los estudiantes viajan solo con una mochila.

学生はリュックサック一つで旅行する。

El número de turistas extranjeros en Japón ha aumentado.

日本では外国人観光客の数が増加した。

Pedro está de vacaciones esta semana.

ペドロは今週は休暇中だ。

estar de vacaciones ＝休暇中だ

Quick Review

- ☐ 切符、チケット
- ☐ パスポート
- ☐ 切符、チケット
- ☐ 遠足、小旅行
- ☐ 往路、行くこと
- ☐ 地図、図面
- ☐ 身分証明書
- ☐ 予約

CHECK-1 ► CHECK-2 ◄ 19 ►

□ 145
estado 身分、状態
M

□ 146
casado, -da 既婚の人
M F

□ 147
divorciado, -da 離婚している人
M F

□ 148
separado, -da 別居している人
M F

□ 149
soltero, -ra 独身の人
M F

□ 150
viudo, -da 配偶者を亡くした人
M F

□ 151
novio, -via 恋人
M F

□ 152
pareja カップル、対
F

Quick Review

□ habitación	□ bolso	□ entrada	□ salida
□ maleta	□ mochila	□ turista	□ vacación

CHECK-3

Su estado civil es soltero.

彼の戸籍上の身分は独身です。

Jaime es casado pero no lleva alianza.

ハイメは結婚しているが、結婚指輪をしていない。

Ella es divorciada.

彼女は離婚している。

Mi hermano es separado.

兄は別居している。

Gabriel ya no es soltero.

ガブリエルはもう独身ではありません。

Mi abuela es viuda.

祖母は未亡人だ。

Los novios están enamorados.

恋人たちは恋している。

En clase nos ponen trabajos en pareja para practicar más.

クラスではもっと練習するためにペアワークをさせられます。

Quick Review

- [ ] 部屋
- [ ] バッグ
- [ ] 入場券、入り口
- [ ] 出口
- [ ] スーツケース
- [ ] リュックサック
- [ ] 観光客
- [ ] 休暇

CHECK-1 ▶ CHECK-2 ◀ 20 ▶

□ 153
muchacha 女の子
F

□ 154
muchacho 男の子
M

□ 155
optimista 楽天家
M F

□ 156
pesimista ペシミスト、弱気な人
M F

□ 157
rey 王
M

□ 158
actriz 女優
F

□ 159
actor 俳優
M

□ 160
administrativo, -va 事務官
M F

Quick Review

□ estado □ casado, -da □ divorciado, -da □ separado, -da
□ soltero, -ra □ viudo, -da □ novio, -via □ pareja

CHECK-3

La muchacha no tenía documentos de identificación.

その少女は身分証明書を持っていなかった。

Son muchachos responsables.

責任感のある少年たちだ。

Es mejor ser optimista que pesimista.

悲観主義者になるより楽観主義者になるほうが良い。

Dicen que ser pesimista da mala suerte.

悲観的になると運が悪くなるといわれる。

Los Reyes Católicos acabaron la reconquista de España.

カトリック両王がスペインのレコンキスタ（国土回復運動）を終結させた。

La vida de una actriz no es fácil.

女優の生活（人生）は簡単ではない。

Johnny Depp es mi actor favorito.

ジョニー・デップは私の大好きな俳優です。

Está abierta una convocatoria para un puesto de administrativo.

事務官のポストの公募が開示されている。

- □ 身分、状態
- □ 既婚の人
- □ 離婚している人
- □ 別居している人
- □ 独身の人
- □ 配偶者を亡くした人
- □ 恋人
- □ カップル、対

CHECK-1 ▶ CHECK-2 ◀ 21 ▶

□ 161
ama de casa　主婦
F
音声では冠詞は男性形を伴っている。詳しくは163ページを参照

□ 162
artista　アーティスト
M F

□ 163
bombero, -ra　消防士
M F

□ 164
cajero, -ra　レジ係
M F

□ 165
comerciante　商人
M F

□ 166
conductor, -ra　運転手
M F

□ 167
contable　会計係、会計士
M F

□ 168
contador, -ra　会計係、会計士
M F 中南米

Quick Review
□ muchacha　□ muchacho　□ optimista　□ pesimista
□ rey　□ actriz　□ actor　□ administrativo, -va

CHECK-3

Soy ama de casa.

私は主婦です。

近年では男性の「主夫」amo de casa も使われる

¡Qué bien cocinas! ¡Eres una artista!

君はなんて料理が上手なんだ！　芸術家だね！

Cuando era niño, quería ser bombero.

子どものころ、消防士になりかった。

En Japón las cajeras de los supermercados trabajan de pie.

日本のスーパーのレジ係は立って仕事をしています。

-¿Cuál es su profesión? -Soy comerciante.

「ご職業は？」「商人です。」

El conductor del autobús resultó herido en el accidente.

事故でバスの運転手が負傷した。

Manuel estudia contabilidad para ser contable.

マヌエルは会計士になるために簿記を学んでいる。

El contador es la persona que lleva los libros de contabilidad de una empresa.
会計士とは企業の帳簿を担当する人のことである。

- □ 女の子
-  □ 男の子
- □ 楽天家
- □ ペシミスト、弱気な人
- □ 王
- □ 女優
- □ 俳優
- □ 事務官

CHECK-1 ▶ CHECK-2 ◀ 22 ▶

□ 169
dependiente, -ta　店員
M , *F*

□ 170
director, -ra　社長、局長、部長、理事、重役、映画監督
M *F*

□ 171
doctor, -ra　博士、医師
M *F*

□ 172
enfermero, -ra　看護師
M *F*

□ 173
fotógrafo, -fa　カメラマン、写真家
M *F*

□ 174
ingeniero, -ra　エンジニア、技師
M *F*

□ 175
juez, jueza　裁判官、判事
M , *F*

□ 176
mecánico, -ca　（自動車の）修理工
M *F*

Quick Review
□ ama de casa　□ artista　□ bombero, -ra　□ cajero, -ra
□ comerciante　□ conductor, -ra　□ contable　□ contador, -ra

CHECK-3

Oferta de trabajo: Se busca dependiente/a para atención al público en tienda.

求人：店舗での接客のための店員募集。

El director de una empresa tiene que asumir múltiples responsabilidades.

会社の社長は、多数の責任を担わなければならない。

El doctor Stephen William Hawking fue un físico, cosmólogo y divulgador científico británico.

スティーヴン・ウィリアム・ホーキング博士は、英国の物理学者、宇宙理論学者、ならびに科学普及者であった。

Los enfermeros tienen turno de noche.

看護師は夜勤がある。

Mayte es fotógrafa profesional.

マイテはプロのカメラマンだ。

En la bodega trabajan varios ingenieros agrónomos.

ワイナリーでは数人の農業技師が働いている。

El juez lee la sentencia.

裁判官が判決文を読み上げる。

Mi tío es mecánico y trabaja en un taller.

叔父は（車の）修理工で、修理工場で働いている。

- ☐ 主婦
- ☐ 商人
- ☐ アーティスト
- ☐ 運転手
- ☐ 消防士
- ☐ 会計係、会計士
- ☐ レジ係
- ☐ 会計係、会計士

CHECK-1 ▶ CHECK-2 ◀ 23 ▶

☐ 177
mesero, -ra ウエーター、ウエートレス
M F 中南米

☐ 178
profesor, -ra 教師
M F

☐ 179
recepcionista 受付係
M F

☐ 180
taxista タクシー運転手
M F

☐ 181
telefonista 電話オペレーター
M F

☐ 182
empleo 雇用
M

☐ 183
equipo チーム
M

☐ 184
paro 失業
M

Quick Review

☐ dependiente, -ta	☐ director, -ra	☐ doctor, -ra	☐ enfermero, -ra
☐ fotógrafo, -fa	☐ ingeniero, -ra	☐ juez, jueza	☐ mecánico, -ca

Check-3

Este mesero es muy torpe.

このウエーターは気が利かない。

El profesor que me dirigió la tesis escribió una carta de recomendación.

論文を指導してくれた先生が推薦状を書いてくれた。

La recepcionista nos ha atendido muy amablemente.

受付係は私たちに親切に対応してくれた。

El taxista no lleva suficiente cambio.

タクシー運転手はお釣り用の小銭をじゅうぶん持っていない。

Se buscan telefonistas bilingües.

バイリンガルの電話オペレーターを募集中だ。

Se conoce como tasa de empleo a la razón entre la población ocupada y la población activa.

労働人口における就業人口の割合のことを雇用率という。

Se requiere mucho trabajo de equipo.

チームワークがとても必要である。

Se cobra el seguro de paro por dos años.

失業保険は２年間受け取ることができる。

Quick Review

□ 店員 □ 社長、局長、部長 □ 博士、医師 □ 看護師
□ カメラマン、写真家 □ エンジニア、技師 □ 裁判官、判事 □ （自動車の）修理工

動詞 名詞 形容詞 副詞 便利なフレーズ

CHECK-1 ► CHECK-2 ◄ 24 ►

□ 185
compañero, -ra 仲間
M *F*

□ 186
departamento 部、局
M

□ 187
empresa 企業
F

□ 188
supermercado スーパーマーケット
M

□ 189
cita アポイント、会う約束
F

□ 190
currículum vítae 履歴書
M
ラテン語なのでイタリック体表記。略してCVと表記

□ 191
entrevista 面接、インタビュー
F

□ 192
fotocopia コピー
F

Quick Review
□ mesero, -ra □ profesor, -ra □ recepcionista □ taxista
□ telefonista □ empleo □ equipo □ paro

CHECK-3

Pilar y yo fuimos compañeras de clase.

ピラールと私はクラスメートでした。

Soy jefe del departamento de exportación.

私は輸出部長です。

Las pequeñas y medianas empresas (pymes) generan el 72% del empleo y el 52% del Producto Interior Bruto (PIB) del país.

中小企業が国の雇用の72%を創出しGDPの52%を創出している。

En los supermercados se pone una moneda para poder usar el carrito.

スーパーでカートを使うにはコインを入れなければならない。

Voy a pedir una cita con el dentista.

私は歯医者の予約をしようと思う。

Mándame tu currículum vítae.

君の履歴書を私に送ってください。

Tengo una entrevista de trabajo esta tarde.

今日の午後、仕事の面接がある。

Dentro del sobre están el original y una fotocopia.

封筒の中には、原本とコピーが入っています。

Quick Review

- [ ] ウエーター、ウエートレス
- [ ] 教師
- [ ] 受付係
- [ ] タクシー運転手
- [ ] 電話オペレーター
- [ ] 雇用
- [ ] チーム
- [ ] 失業

Check-1 ► Check-2 ◄ 25 ►

□ 193
informe 報告書、レポート
M

□ 194
jornada 1日の勤務時間
F

□ 195
máquina 機械
F

□ 196
publicidad 広告、宣伝
F

□ 197
reunión 会合、ミーティング
F

□ 198
salario 給料、賃金
M

□ 199
sueldo 給料、給与
M

□ 200
agencia 代理店、エージェント
F

Quick Review

□ compañero, -ra □ departamento □ empresa □ supermercado
□ cita □ currículum vítae □ entrevista □ fotocopia

CHECK-3

Se publicó el informe final sobre el accidente nuclear de Fukushima.
福島の原子力事故の最終報告書が発表された。

El tema de la reunión es la reducción de la jornada laboral.

会議の議題は勤務時間の削減だ。

Ese chico es una máquina, ¡todo lo hace rápidamente!

その子は機械のようだ。すべててきぱきとやってのけるよ！

La agencia de publicidad se va a encargar de lanzar una campaña internacional.
広告代理店が国際キャンペーンを始めることになっている。

En Japón no suelen discutir mucho en las reuniones.

日本では会議であまり議論されることはない。

El salario mínimo varía dependiendo de las regiones.

最低賃金は地方によって異なる。

Me han pagado una extraordinaria de dos sueldos mensuales.

（私は）月給２カ月分がボーナスとして支給された。

Fuimos a una agencia inmobiliaria para buscar un piso.

私たちはアパートを探しに不動産屋（不動産のエージェント）に行った。

Quick Review

- [ ] 仲間
- [ ] 部、局
- [ ] 企業
- [ ] スーパーマーケット
- [ ] アポイント、会う約束
- [ ] 履歴書
- [ ] 面接、インタビュー
- [ ] コピー

動詞 名詞 形容詞 副詞 便利なフレーズ

Check-1 ▶ Check-2 ◀ 26 ▶

□ 201
arquitectura　建築（学）
F

□ 202
ciencia　科学、サイエンス
F

□ 203
curso　コース
M

□ 204
derecho　権利、法学、法
M

□ 205
filosofía　哲学
F

□ 206
física　物理（学）
F

□ 207
fotografía　写真、写真撮影
F

□ 208
geografía　地理（学）
F

Quick Review

□ informe　□ jornada　□ máquina　□ publicidad
□ reunión　□ salario　□ sueldo　□ agencia

CHECK-3

Estudio Arquitectura en la universidad.

私は大学で建築を学んでいる。

授業科目名は最初の文字を大文字にする

Me encantan las novelas de ciencia ficción.

私は SF（サイエンス・フィクション）小説が大好きだ。

Estudié español en un curso intensivo de verano.

私は夏期集中コースでスペイン語を学んだ。

Todas las personas, mujeres u hombres, niñas o niños, tienen derecho a la educación.

全ての女性も、男性も、女の子も、男の子も教育を受ける権利を有する。

Las empresas tienen su propia filosofía.

企業は独自の哲学を持っている。

He suspendido en Física.

私は物理が不合格だった。

Antes del banquete hay sesión de fotografía para los novios.

披露宴の前に新郎新婦の写真撮影がある。

Ayer tuve examen de Geografía.

昨日、（私は）地理の試験があった。

Quick Review

- [ ] 報告書、レポート
- [ ] 1日の勤務時間
- [ ] 機械
- [ ] 広告、宣伝
- [ ] 会合、ミーティング
- [ ] 給料、賃金
- [ ] 給料、給与
- [ ] 代理店、エージェント

CHECK-1 ► CHECK-2 ◄ 27 ►

□ 209
informática 情報科学
F

□ 210
lingüística 言語学
F

□ 211
literatura 文学
F

□ 212
matemáticas 数学
F 複

□ 213
medicina 医学、薬
F

□ 214
nota 成績
F

□ 215
pedagogía 教育学
F

□ 216
poesía 詩
F

Quick Review

□ arquitectura □ ciencia □ curso □ derecho
□ filosofía □ física □ fotografía □ geografía

CHECK-3

La carrera de Ingeniería en Informática era de 6 años.

情報工学の課程は 6 年制だった。

En la lingüística forense se estudia las múltiples relaciones entre la lengua y el derecho.

法言語学では、言語と法のさまざまな関係について研究する。

Estudio literatura latinoamericana.

私はラテンアメリカ文学を学んでいる。

Matemáticas no es la asignatura más difícil.

数学が一番難しい科目ではない。

El estudiante de Medicina Ernesto Guevara se convirtió en el revolucionario Che Guevara.

医学生エルネスト・ゲバラが革命家チェ・ゲバラになった。

Estoy contento por la nota que he sacado.

私は（自分が）取った成績に満足している。

Quiero estudiar Pedagogía para ser maestro.

教師になるために教育学を勉強したい。

Me gusta recitar poesía.

私は詩の暗唱をするのが好きだ。

Quick Review

- [ ] 建築（学）
- [ ] 哲学
- [ ] 科学、サイエンス
- [ ] 物理（学）
- [ ] コース
- [ ] 写真、写真撮影
- [ ] 権利、法学、法
- [ ] 地理（学）

動詞 名詞 形容詞 副詞 便利なフレーズ

CHECK-1 ► CHECK-2 ◄ 28 ►

□ 217
pregunta
F
質問

□ 218
química
F
化学

□ 219
sociología
F
社会学

□ 220
asignatura
F
学科目、教科

□ 221
bolígrafo
M
ボールペン

□ 222
colegio
M
学校

□ 223
deberes
M 複
宿題

□ 224
ejercicio
M
練習、(身体の) 運動

Quick Review

□ informática □ lingüística □ literatura □ matemáticas
□ medicina □ nota □ pedagogía □ poesía

Check-3

¿Hay alguna pregunta?

何か質問がありますか？

Hay reacciones químicas que parecen magia.

化学反応には魔法のように見えるものがある。

María estudió Sociología.

マリアは社会学を勉強した。

Historia es una de las asignaturas opcionales.

歴史は選択科目の一つです。

¿Me deja el bolígrafo un momento?

ちょっとボールペンをお借りしてもいいですか？

Ramón tiene muchas ganas de ir al colegio.

ラモンは学校に行きたくてたまらない。

¿Has hecho ya los deberes?

もう宿題はしたの？

Cada capítulo tiene ejercicios.

各章に練習問題がある。

Quick Review

- [ ] 情報科学
- [ ] 言語学
- [ ] 文学
- [ ] 数学
- [ ] 医学、薬
- [ ] 成績
- [ ] 教育学
- [ ] 詩

CHECK-1 ▶ CHECK-2 ◀ 29 ▶

□ 225
examen 試験
M

□ 226
goma ゴム、消しゴム
F

□ 227
horario 時間割、タイムスケジュール
M

□ 228
instituto 学院、高校、専門学校
M

□ 229
pizarra 黒板
F

□ 230
pizarrón 黒板
M 中南米

□ 231
tarea 宿題
F 中南米

□ 232
aire acondicionado エアコン
M

Quick Review
□ pregunta □ química □ sociología □ asignatura
□ bolígrafo □ colegio □ deberes □ ejercicio

CHECK-3

No te pongas nervioso en el examen.

試験で緊張するなよ。

¿Dónde está la goma de borrar?

消しゴムはどこにありますか？

En nuestra empresa tenemos un horario flexible de trabajo.

弊社ではフレックスタイム制があります。

horario flexible ＝フレックスタイム（制）（柔軟なタイムスケジュール）

El Instituto Cervantes es una organización pública para difundir la lengua española.

セルバンテス文化センターはスペイン語を普及させるための公的機関だ。

Este profesor escribe mucho en la pizarra.

この先生は黒板にたくさん書く。

Los alumnos no copian, toman fotos del pizarrón.

学生は黒板を書き写さずに写真を撮る。

Los padres tienen que preocuparse de que sus hijos hagan las tareas.

両親が、子どもたちが宿題をするように気を配らなければならない。

¿Tiene aire acondicionado?

エアコンはありますか？

- [ ] 質問
- [ ] ボールペン
- [ ] 化学
- [ ] 学校
- [ ] 社会学
- [ ] 宿題
- [ ] 学科目、教科
- [ ] 練習、（身体の）運動

動詞 名詞 形容詞 副詞 便利なフレーズ

CHECK-1 ► CHECK-2 ◄ 30 ►

☐ 233
ascensor エレベーター
M

☐ 234
elevador エレベーター
M 中南米

☐ 235
calefacción 暖房、ヒーター
F

☐ 236
escalera 階段
F

☐ 237
escalera mecánica エスカレーター
F

☐ 238
garaje ガレージ
M

☐ 239
lavadora 洗濯機
F

☐ 240
lavavajillas 食器洗浄機
M
単複同形

Quick Review

☐ examen	☐ goma	☐ horario	☐ instituto
☐ pizarra	☐ pizarrón	☐ tarea	☐ aire acondicionado

CHECK-3

Vamos a bajar en el ascensor.

エレベーターで降りましょう。

Vamos a subir en el elevador.

エレベーターで昇りましょう。

¿Ponemos la calefacción?

暖房をつけましょうか？

Mi perro sube las escaleras pero no sabe bajarlas.

私の犬は階段を上るが、下りられない。

En Madrid se ponen del lado derecho en las escaleras mecánicas y dejan libre el lado izquierdo para los que tienen prisa.
マドリッドでは、エスカレーターで人は右側に立ち、急いでいる人のために左側を空ける。

En el garaje de casa solo hay espacio para un coche.

自宅のガレージには車 1 台のスペースしかない。

Voy a poner la lavadora.

私は洗濯機を回そう。

Esta cocina tiene lavavajillas.

この台所には食器洗浄器がある。

Quick Review

- ☐ 試験
- ☐ 黒板
- ☐ ゴム、消しゴム
- ☐ 黒板
- ☐ 時間割、タイムスケジュール
- ☐ 宿題
- ☐ 学院、高校、専門学校
- ☐ エアコン

CHECK-1 ► CHECK-2 ◄ 31 ►

□ 241
microondas 電子レンジ
M （単複同形）

□ 242
nevera 冷蔵庫
F

□ 243
ordenador パソコン
M

□ 244
computadora パソコン
F 中南米

□ 245
reproductor de DVD DVD プレーヤー
M

□ 246
autobús バス
M

□ 247
automóvil 自動車
M

□ 248
bicicleta 自転車
F

Quick Review
□ ascensor □ elevador □ calefacción □ escalera
□ escalera mecánica □ garaje □ lavadora □ lavavajillas

CHECK-3

¿Calentar la comida en el microondas es malo para la salud?

電子レンジで食べ物を温めるのは、身体に悪いのですか？

No abras tantas veces la nevera.

冷蔵庫をそんなに何度も開けないで。

Mi abuelo, que tiene 90 años, sabe usar el ordenador.

私の 90 歳の祖父はパソコンを使える。

Mi computadora anda muy lento.

私のコンピュータはとても遅い。

Mi reproductor de DVD está roto.

私の DVD プレーヤーは故障している。

En autobús se tarda menos que en tren.

バスの方が電車よりも時間がかからない。

En el mundo hay varios museos del automóvil.

世界には自動車博物館がいくつかあります。

En Japón la bicicleta es el medio de transporte más popular.

日本では自転車は最も普及している交通手段です。

Quick Review

- [ ] エレベーター
- [ ] エスカレーター
- [ ] エレベーター
- [ ] ガレージ
- [ ] 暖房、ヒーター
- [ ] 洗濯機
- [ ] 階段
- [ ] 食器洗浄機

CHECK-1 ► CHECK-2 ◄ 32 ►

□ 249
carro　車
M 中南米

□ 250
colectivo　バス
M 中南米

□ 251
moto　（モーター）バイク
F　motocicleta の略。

□ 252
taxi　タクシー
M

□ 253
alojamiento　宿、宿泊する所
M

□ 254
alquiler　賃貸し料、賃借り料
M

□ 255
apartamento　アパート
M

□ 256
chalé　別荘、庭付きの一戸建て
M

Quick Review
□ microondas　□ nevera　□ ordenador　□ computadora
□ reproductor de DVD　□ autobús　□ automóvil　□ bicicleta

CHECK-3

Vamos en carro.

私たちは車で行きます。

Nosotros tomamos el colectivo para ir a trabajar.

私たちはバスに乗って仕事に行く。

Iba en moto sin casco.

ヘルメットをかぶらずにバイクに乗っていた。

Se recomienda que pida un taxi a domicilio y no pare uno en la calle.

道でタクシーを止めるのではなく、家にタクシーを呼ぶことをお勧めします。

¿Buscan alojamiento para esta noche?

今晩の宿をお探しですか？

Tengo que pagar el alquiler de este mes.

私は今月の家賃を払わなければならない。

El alquiler de este apartamento es de 700 euros.

このアパートの家賃は 700 ユーロです。

Sus padres tienen un chalé en el campo.

彼の両親は田舎に別荘を持っている。

Quick Review

- [ ] 電子レンジ
- [ ] DVD プレーヤー
- [ ] 冷蔵庫
- [ ] バス
- [ ] パソコン
- [ ] 自動車
- [ ] パソコン
- [ ] 自転車

Check-1 ► Check-2 ◄ 33 ►

□ 257
departamento　アパート
M 中南米

□ 258
estudio　ワンルーム（マンション）
M

□ 259
piso　（階の個々の）マンション、床、フロア
M

□ 260
vivienda　住居、住まい
F

□ 261
cocina　台所、キッチン
F

□ 262
dormitorio　寝室
M

□ 263
recámara　寝室
F 中南米

□ 264
pasillo　廊下、通路
M

Quick Review

□ carro □ colectivo □ moto □ taxi
□ alojamiento □ alquiler □ apartamento □ chalé

CHECK-3

Se alquila departamento.

アパート貸します。

Muchos jóvenes viven en estudios.

たくさんの若者がワンルームマンションに住んでいる。

Busco un piso amueblado.

私は家具付きのマンションを探している。

En las grandes ciudades, el problema suele ser la vivienda.

大都市では、問題は住居であることが多い。

Quiero tener una cocina espaciosa.

私は広い台所が欲しい。

Esta casa tiene dos dormitorios.

この家は寝室が二つある。

Esta casa tiene cuatro recámaras y tres baños.

この家は、寝室が四つ、浴室が三つある。

Hace mucho frío en el pasillo.

廊下はとても寒いです。

Quick Review

- ☐ 車
- ☐ バス
- ☐ （モーター）バイク
- ☐ タクシー
- ☐ 宿、宿泊する所
- ☐ 賃貸し料、賃借り料
- ☐ アパート
- ☐ 別荘、庭付きの一戸建て

CHECK-1 ▶ CHECK-2 ◀ 34 ▶

☐ 265
salón-comedor　リビング・ダイニングルーム
M

☐ 266
terraza　テラス
F

☐ 267
alfombra　じゅうたん、カーペット
F

☐ 268
armario　クローゼット、戸棚、ロッカー
M

☐ 269
escritorio　デスクトップ、書斎机
M

☐ 270
estantería　（本）棚
F

☐ 271
lámpara　ランプ、スタンド、吊り照明
F

☐ 272
mueble　家具
M

Quick Review

☐ departamento	☐ estudio	☐ piso	☐ vivienda
☐ cocina	☐ dormitorio	☐ recámara	☐ pasillo

Check-3

El salón-comedor es muy grande.

リビング・ダイニングルームはとても広い。

Me apetece tomar café en la terraza.

テラスでコーヒーを飲みたい気分だ。

Cuando era niño, mi sueño era viajar en una alfombra voladora.

子どものころ、空飛ぶじゅうたんで旅をするのが夢だった。

La ropa de invierno está guardada en el armario.

冬服はクローゼットに保管してあります。

Tengo que ordenar mi escritorio del PC.

パソコンのデスクトップを整理しなきゃ。

Quiero comprar una estantería de libros.

私は本棚を買いたい。

¿Puede apagar la lámpara?

照明を消していただけますか？

Las casas con muebles de madera tienen un ambiente muy acogedor.

木の家具のある家はとても居心地の良い雰囲気がある。

Quick Review

☐ アパート ☐ ワンルーム（マンション） ☐（階の個々の）マンション ☐ 住居、住まい

☐ 台所、キッチン ☐ 寝室 ☐ 寝室 ☐ 廊下、通路

CHECK-1 ► CHECK-2 ◄ 35 ►

□ 273
sillón 肘掛け椅子
M

□ 274
sofá ソファー
M

□ 275
abrigo コート
M

□ 276
bañador 水着
M

□ 277
blusa ブラウス
F

□ 278
botas ブーツ、長靴
F 複

□ 279
bufanda マフラー
F

□ 280
calcetines 靴下
M 複

Quick Review
□ salón-comedor □ terraza □ alfombra □ armario
□ escritorio □ estantería □ lámpara □ mueble

Check-3

Este sillón es muy cómodo.

この肘掛け椅子は快適だ。

Me quedé dormido en el sofá.

私はソファーで寝てしまった。

Ponte el abrigo, que hace frío.

コートを着て、寒いよ。

¿Has traído el bañador?

君は水着を持ってきてる？

En México las blusas bordadas a mano son muy bonitas.

メキシコでは手製の刺しゅう入りブラウスがとてもきれいだ。

Mi madre me decía: "Ponte las botas de agua".

母は「長靴を履きなさい」と私に言っていました。

Me han regalado una bufanda de alpaca.

私は、アルパカのマフラーをプレゼントしてもらった。

Venden unos calcetines con cinco dedos.

５本指の靴下が売られている。

Quick Review

- [ ] リビング・ダイニングルーム
- [ ] テラス
- [ ] じゅうたん、カーペット
- [ ] クローゼット、戸棚、ロッカー
- [ ] デスクトップ、書斎机
- [ ] （本）棚
- [ ] ランプ、スタンド、吊り照明
- [ ] 家具

動詞 名詞 形容詞 副詞 便利なフレーズ

CHECK-1 ► CHECK-2 ◄ 36 ►

☐ 281
camisa
F
ワイシャツ

☐ 282
corbata
F
ネクタイ

☐ 283
gorro
M
（つばなしの）帽子

☐ 284
jersey
M
セーター

☐ 285
sandalias
F 複
サンダル

☐ 286
traje
M
服装、スーツ

☐ 287
zapatillas
F 複
スリッパ、スニーカー

☐ 288
zapatos
M 複
靴

Quick Review

☐ sillón ☐ sofá ☐ abrigo ☐ bañador
☐ blusa ☐ botas ☐ bufanda ☐ calcetines

CHECK-3

Me gusta que la camisa esté bien planchada.

私はきちんとアイロンがかかったシャツが好きだ。

Últimamente menos hombres llevan corbata en Japón.

近年、日本ではネクタイをする男性が減っています。

El chico que lleva el gorro se llama Juan.

帽子をかぶった男の子はフアンです。

El jersey encogió cuando lo lavé.

洗ったらセーターが縮んだ。

Generalmente los hombres no se ponen sandalias para ir a trabajar.

一般的に男性はサンダルを履いて仕事に行かない。

Te queda bien tu nuevo traje.

（君は）新しいスーツがよく似合っているよ。

Ponte las zapatillas.

スリッパを履いてください。

Marcos está contento como <u>un niño con zapatos nuevos</u>.

マルコスは、新しい靴を履いた子どものように喜んでいる。

un niño con zapatos nuevos = 「大喜びしている」の意の慣用句

Quick Review

- [ ] 肘掛け椅子
- [ ] ソファー
- [ ] コート
- [ ] 水着
- [ ] ブラウス
- [ ] ブーツ、長靴
- [ ] マフラー
- [ ] 靴下

CHECK-1 ▶ CHECK-2 ◀ 37 ▶

□ 289
aceite 油、オイル
M

□ 290
azúcar 砂糖
M

□ 291
vinagre 酢、ビネガー
M

□ 292
ajo ニンニク
M

□ 293
dulce 甘いもの
M

□ 294
espárrago アスパラガス
M

□ 295
fideos ヌードル、麺
M 複

□ 296
gusto 味、好み
M

Quick Review

□ camisa □ corbata □ gorro □ jersey
□ sandalias □ traje □ zapatillas □ zapatos

CHECK-3

El aceite de oliva es bueno para la salud.

オリーブオイルは体に良い。

Tomo café sin azúcar.

私は砂糖なしでコーヒーを飲む。

El vinagre de jerez tiene múltiples usos.

シェリー・ビネガーは多種多様な用途がある。

¿Alguna vez has probado sopa de ajo?

ニンニクスープを食べたことはありますか？

No debo comer dulces.

私は甘いものを食べてはいけない。

Los espárragos de Navarra son muy buenos.

ナバラ産のアスパラガスはとてもおいしい。

La sopa de fideos es un plato común en invierno.

ヌードル入りスープは冬の一般的な料理です。

Este helado tiene un gusto raro.

このアイスクリームは変な味がする。

- ☐ ワイシャツ
- ☐ ネクタイ
- ☐ （つばなしの）帽子
- ☐ セーター
- ☐ サンダル
- ☐ 服装、スーツ
- ☐ スリッパ、スニーカー
- ☐ 靴

Check-1 ▶ Check-2 ◀ 38 ▶

□ 297
hamburguesa　ハンバーガー、ハンバーグ
F

□ 298
huevo　卵
M

□ 299
ingrediente　材料
M

□ 300
lata　缶、缶詰
F

□ 301
macarrones　マカロニ
M 複

□ 302
mayonesa　マヨネーズ
F

□ 303
pasta　パスタ
F

□ 304
pollo　鶏肉
M

Quick Review

□ aceite	□ azúcar	□ vinagre	□ ajo
□ dulce	□ espárrago	□ fideos	□ gusto

CHECK-3

Me apetece comer una hamburguesa con aguacate.

アボカドバーガーが食べたいな。

Me apetece comer unos huevos fritos.

目玉焼きが食べたい。

Todos los ingredientes de esta receta son orgánicos.

このレシピの全ての材料はオーガニックです。

Los alimentos en lata se conservan bien por mucho tiempo.

缶詰食品は長期間保存がきく。

Los macarrones con salsa de tomate son el plato favorito de los niños.

トマトソースのマカロニは子どもたちの大好物だ。

Preparamos la mayonesa en casa.

私たちは自家製マヨネーズを作ります。

Los futbolistas comen mucha pasta.

サッカー選手はパスタをよく食べる。

¿Te gusta la pechuga de pollo?

君は鶏の胸肉が好き？

- □ 油、オイル
- □ 砂糖
- □ 酢、ビネガー
- □ ニンニク
- □ 甘いもの
- □ アスパラガス
- □ ヌードル、麺
- □ 味、好み

CHECK-1 ▶ CHECK-2 ◀ 39 ▶

□ 305
queso チーズ
M

□ 306
sándwich サンドイッチ
M

□ 307
yogur ヨーグルト
M

□ 308
ensalada サラダ
F

□ 309
gas ガス
M

□ 310
jugo ジュース
M 中南米

□ 311
coliflor カリフラワー
F

□ 312
lechuga レタス
F

Quick Review

□ hamburguesa	□ huevo	□ ingrediente	□ lata
□ macarrones	□ mayonesa	□ pasta	□ pollo

CHECK-3

Un bocadillo de jamón y queso, por favor.

ハムとチーズのボカディーリョ（サンドイッチ）を一つ、お願いします。

En Cataluña, el bikini es un sándwich caliente de jamón de york y queso.

カタルーニャで、ビキニといえば、ハムとチーズのホットサンドのことです。

Desayuno yogur con frutas.

私は朝食にフルーツヨーグルトを食べる。

Me gusta mucho la ensalada césar.

私はシーザーサラダが好きだ。

¿Agua sin gas o con gas?

炭酸入りの水ですか、それとも炭酸なしの水ですか？

Un jugo de naranja con zanahoria, por favor.

ニンジン入りオレンジジュースを一つ下さい。

¿Sabes de alguna buena receta con coliflor?

カリフラワーを使ったいいレシピ、知ってる？

De primero, pedimos la ensalada de lechuga con tomate.

一皿目にレタスとトマトのサラダを注文しよう。

de primero ＝（コース料理の）一皿目

Quick Review

- □ ハンバーガー、ハンバーグ
- □ 卵
- □ 材料
- □ 缶、缶詰
- □ マカロニ
- □ マヨネーズ
- □ パスタ
- □ 鶏肉

CHECK-1 ► CHECK-2 ◄ 40 ►

□ 313
manzana リンゴ
F

□ 314
naranja オレンジ
F

□ 315
tomate トマト
M

□ 316
uva ブドウ
F

□ 317
melocotón 桃
M

□ 318
durazno 桃
M 中南米

□ 319
plátano バナナ
M

□ 320
banana バナナ
F 中南米

Quick Review

□ queso □ sándwich □ yogur □ ensalada
□ gas □ jugo □ coliflor □ lechuga

CHECK-3

Comí una manzana de postre.

私はデザートにリンゴを一つ食べた。

De postre, un sorbete de naranja.

デザートは、オレンジシャーベットを一つ。

A los tomates negros se les llama tomates kumato.

黒いトマトはクマトトマトと呼ばれる。

El mosto es jugo de uva.

モストーはブドウの果汁のことです。

El sorbete de melocotón está delicioso.

桃のシャーベットがおいしい。

El sofá es de color durazno.

ソファーは桃色だ。

El plátano macho tiene un sabor parecido a las patatas.

プラタノ・マチョ（調理用バナナ）はジャガイモのような味がする。

La banana es una fruta muy rica en potasio.

バナナはカリウムを多く含む果物である。

- ☐ チーズ
- ☐ サンドイッチ
- ☐ ヨーグルト
- ☐ サラダ
- ☐ ガス
- ☐ ジュース
- ☐ カリフラワー
- ☐ レタス

CHECK-1 ▶ CHECK-2 ◀ 41 ▶

□ 321
patata　ジャガイモ
F

□ 322
papa　ジャガイモ
F 中南米

□ 323
restaurante　レストラン
M

□ 324
farmacia　薬局
F

□ 325
sobrina　姪
F

□ 326
sobrino　甥
M

□ 327
acueducto　水道橋
M

□ 328
aduana　税関
F

Quick Review

□ manzana	□ naranja	□ tomate	□ uva
□ melocotón	□ durazno	□ plátano	□ banana

CHECK-3

¿Sabes preparar la tortilla de patatas?

スペイン風オムレツを作れる？

Papa a la huancaína es un delicioso plato peruano.

パパ・ア・ラ・ワンカイナはおいしいペルー料理です。

No se puede cenar en un restaurante antes de las nueve en España.

スペインでは、9時以前はレストランで晩ご飯を食べられない。

¿Abren las farmacias los fines de semana?

薬局は週末も開いていますか？

Mi sobrina se parece a mi cuñada.

姪は私の義理の妹似だ。

Tengo dos sobrinos.

私は甥が2人いる。

El acueducto romano de Segovia está declarado Patrimonio de la Humanidad por la UNESCO.

セゴビアのローマ水道橋は、ユネスコの世界遺産だ。

En las aduanas inspeccionan el equipaje de los pasajeros.

税関では旅客の荷物検査が行われる。

Quick Review

□ リンゴ	□ オレンジ	□ トマト	□ ブドウ
□ 桃	□ 桃	□ バナナ	□ バナナ

CHECK-1 ► CHECK-2 ◄ 42 ►

□ 329
alcázar　城、アラビア風の王宮
M

□ 330
despedida　別れ（のあいさつ）
F

□ 331
patrimonio　財産
M

□ 332
vista　眺め、見晴らし、視力
F

□ 333
anuncio　広告、通知
M

□ 334
área　区域、エリア
F

□ 335
monte　山
M

□ 336
monumento　記念建造物
M

Quick Review

□ patata　□ papa　□ restaurante　□ farmacia
□ sobrina　□ sobrino　□ acueducto　□ aduana

Check-3

Dicen que Walt Disney se inspiró en el alcázar de Segovia.

ウォルト・ディズニーはセゴビアのお城に着想を得たといわれている。

No me gustan las despedidas.

私は別れのあいさつが好きではない。

España cuenta con 50 lugares declarados Patrimonio de la Humanidad por la UNESCO.

スペインにはユネスコの世界遺産が 50 カ所ある。

Patrimonio de la Humanidad=世界遺産

Esta habitación tiene muy buenas vistas.

この部屋からとても良い景色が見える。

Hay demasiados anuncios en los programas de televisión.

テレビの番組にはコマーシャルが多過ぎる。

El defensor cometió una falta dentro del área de castigo, y le regaló un penalti al otro equipo.

ディフェンスがペナルティ・エリアでファウルをし、相手チームにペナルティキックをプレゼントした。

Este monte tenía mucha vegetación antes del incendio.

火事の前は、この山には木が多かった。

A los japoneses les gusta visitar monumentos históricos.

日本人は歴史的建造物を訪問するのを好む。

Quick Review

- [ ] ジャガイモ
- [ ] ジャガイモ
- [ ] レストラン
- [ ] 薬局
- [ ] 姪
- [ ] 甥
- [ ] 水道橋
- [ ] 税関

CHECK-1 ▶ CHECK-2 ◀ 43 ▶

□ 337
palacio　宮殿
M

□ 338
provincia　県
F

□ 339
pueblo　村
M

□ 340
roca　岩
F

□ 341
calor　暑さ
M

□ 342
frío　寒さ
M

□ 343
artículos　商品、品物
M 複

□ 344
canal　チャンネル、運河
M

Quick Review

□ alcázar	□ despedida	□ patrimonio	□ vista
□ anuncio	□ área	□ monte	□ monumento

Check-3

El Palacio Real de Madrid no es la residencia de los reyes de España.

マドリッドの王宮はスペイン国王夫妻の住まいではない。

En España hay 50 provincias agrupadas en 17 comunidades autónomas.

スペインは県が 50 あり、17 の自治州に分かれている。

Este pueblo tiene 3.500 habitantes.

この村には 3500 人の住民がいる。

スペインでは３ケタごとの位取りに(.)を、小数点にカンマ(,)を用いる

El robot Curiosity estudió una roca con forma de pirámide en Marte.

ロボット「キュリオシティ」が火星でピラミッド型の岩石を調査した。

Este año ha hecho mucho calor.

今年はとても暑かった。

Tengo mucho frío.

私はとても寒い。

Son artículos importados desde Francia.

フランスから輸入された商品です。

La Televisión Española es el canal público de España.

スペイン・テレビはスペインの公共放送チャンネルです。

Quick Review

- ☐ 城、アラビア風の王宮
- ☐ 別れ（のあいさつ）
- ☐ 財産
- ☐ 眺め、見晴らし、視力
- ☐ 広告、通知
- ☐ 区域、エリア
- ☐ 山
- ☐ 記念建造物

CHECK-1 ▶ CHECK-2 44

☐ 345
cantante
歌手
M *F*

☐ 346
compra
買い物、ショッピング
F

☐ 347
concierto
コンサート
M

☐ 348
deportista
スポーツ選手
M *F*

☐ 349
disco
円盤、レコード
M

☐ 350
discoteca
ディスコ
F

☐ 351
presidente, -ta
社長、会長
M *F*

☐ 352
estadio
スタジアム
M

Quick Review

☐ palacio	☐ provincia	☐ pueblo	☐ roca
☐ calor	☐ frío	☐ artículos	☐ canal

CHECK-3

Shakira es la cantante más sensual.

シャキーラは最も官能的な歌手です。

Hace falta el tique de compra para devolver el producto.

返品のためにはレシートが必要です。

tique de compra ＝レシート（買い物のチケット）

Cuando llegué, ya había comenzado el concierto.

私が到着したとき、コンサートはもう始まっていた。

Para ser un buen deportista hay que tener una alimentación saludable.

良いスポーツ選手になるためには健康的な食事をとらなければならない。

En 2012 Venus atravesó el disco solar.

2012 年に金星が太陽面を通過した。

Cuando éramos jóvenes, íbamos a la discoteca a bailar.

私たちは若かったとき、ディスコに踊りにいったものだ。

La nueva presidenta tiene 45 años y es muy joven.

新しい（女性）社長は 45 歳で、とても若いです。

El estadio del Real Madrid se llama Santiago Bernabéu.

レアル・マドリードのスタジアムはサンティアゴ・ベルナベウと呼ばれる。

Quick Review

☐ 宮殿　☐ 県　☐ 村　☐ 岩
☐ 暑さ　☐ 寒さ　☐ 商品、品物　☐ チャンネル、運河

動詞 名詞 形容詞 副詞 便利なフレーズ

CHECK-1 ► CHECK-2 ◄ 45 ►

☐ 353
exposición 展覧会
F

☐ 354
festival フェスティバル、（音楽、映画、演劇）祭
M

☐ 355
gimnasio ジム、体育館
M

☐ 356
invitación 招待
F

☐ 357
obra 作品
F

☐ 358
oferta バーゲン、特別価格、申し出、供給
F

☐ 359
ópera オペラ
F

☐ 360
pase パス（通行証）
M

Quick Review

☐ cantante	☐ compra	☐ concierto	☐ deportista
☐ disco	☐ discoteca	☐ presidente, -ta	☐ estadio

CHECK-3

Se celebró una exposición de la obra de Antonio López en Japón.
アントニオ・ロペスの作品の展覧会が日本で開催された。

La película japonesa *Kiseki* se llevó un premio en la 59ª edición del Festival Internacional de Cine de San Sebastián.
日本映画『奇跡』が第 59 回サン・セバスティアン国際映画祭で受賞した。

Voy al gimnasio tres veces a la semana.

私は週に 3 回、スポーツジムに行く。

Tenemos que imprimir las tarjetas de invitación.

私たちは招待状を印刷しなければならない。

El castigo sin venganza es una obra teatral que Lope de Vega escribió en 1631.
『復讐なき罰』はロペ・デ・ベガが 1631 年に書いた劇作品だ。

Estos zapatos están en oferta.

この靴は特別価格になっている。

Estar en oferta ＝特別価格になっている

Montserrat Caballé fue una cantante de ópera.

モンセラット・カバリェはオペラ歌手でした。

Sin el pase, no te dejan circular por el centro.

通行証なしでは、中心街は通行させてもらえない。

Quick Review

- ☐ 歌手
- ☐ 買い物、ショッピング
- ☐ コンサート
- ☐ スポーツ選手
- ☐ 円盤、レコード
- ☐ ディスコ
- ☐ 社長、会長
- ☐ スタジアム

動詞
名詞
形容詞
副詞
便利なフレーズ

CHECK-1 ► CHECK-2 ◄ 46 ►

☐ 361
película　映画
F

☐ 362
programa　プログラム、番組
M

☐ 363
revista　雑誌
F

☐ 364
zoológico　動物園
M

☐ 365
baloncesto　バスケットボール
M

☐ 366
fútbol　サッカー
M

☐ 367
partido　試合
M

☐ 368
tenis　テニス
M

Quick Review

☐ exposición	☐ festival	☐ gimnasio	☐ invitación
☐ obra	☐ oferta	☐ ópera	☐ pase

CHECK-3

Veo películas los fines de semana.

（私は）週末は映画を見る。

En la tele no hay programas interesantes.

テレビでは面白い番組がない。

Un amigo me ha pedido que le compre una revista de fútbol en España.

友人からスペインでサッカーの雑誌を買うように頼まれた。

Un zoológico moderno y atractivo puede atraer a miles de visitantes.

近代的で魅力的な動物園は、多くの訪問客を惹きつける。

El baloncesto es uno de los deportes más populares en España.

バスケットボールはスペインで最も人気のあるスポーツの一つです。

Ahora en Japón el fútbol es tan popular como el béisbol.

今や日本ではサッカーは野球と同じくらい人気がある。

El árbitro de este partido no fue imparcial.

この試合の審判は中立ではなかった。

Me gusta jugar al tenis.

私はテニスをするのが好きだ。

Quick Review

- [ ] 展覧会
- [ ] 作品
- [ ] フェスティバル
- [ ] バーゲン
- [ ] ジム、体育館
- [ ] オペラ
- [ ] 招待
- [ ] パス（通行証）

CHECK-1 ► CHECK-2 ◄ 47 ►

□ 369
ficha　カード
F

□ 370
lectura　読書
F

□ 371
conversación　会話
F

□ 372
acción　行動、活動、行い
F

□ 373
actitud　態度
F

□ 374
actividad　活動
F

□ 375
atención　注意、応対
F

□ 376
diferencia　差、相違
F

Quick Review

□ película	□ programa	□ revista	□ zoológico
□ baloncesto	□ fútbol	□ partido	□ tenis

CHECK-3

En la ficha figuran los datos personales de cada empleado.

カードには各従業員の個人情報が載っている。

En la sala de lectura de la biblioteca se organiza un cuentacuentos el tercer sábado del mes.

図書館の読書室では、毎月第３土曜日にお話の会が開催される。

Tuvimos una conversación amena el otro día.

先日私たちは楽しい会話をした。

Federico es un hombre de acción.

フェデリーコは行動する男だ。

No me gusta su actitud.

私は彼の態度が気に入らない。

Esta ONG realiza muchas actividades.

このNGOはたくさんの活動をしている。

Escúchame con atención.

よく注意して私の言うことを聞いて。

No hay mucha diferencia.

あまり差がない。

Quick Review

- [ ] 映画
- [ ] プログラム、番組
- [ ] 雑誌
- [ ] 動物園
- [ ] バスケットボール
- [ ] サッカー
- [ ] 試合
- [ ] テニス

CHECK-1 ► CHECK-2 ◄ 48 ►

動詞 名詞 形容詞 副詞 便利なフレーズ

□ 377
duda 疑い
F

□ 378
espíritu 精神
M

□ 379
excusa 言い訳
F

□ 380
fin 終わり
M

□ 381
imagen イメージ、映像、画像
F

□ 382
modo やり方、方法、様式
M

□ 383
ocasión 機会
F

□ 384
opción 選択（の自由）、選択肢
F 複（「選択肢」の意味の場合）

Quick Review

□ ficha □ lectura □ conversación □ acción
□ actitud □ actividad □ atención □ diferencia

CHECK-3

De eso no cabe la menor duda.

それについては全く疑いの余地がない。

Aumenta el espíritu emprendedor entre los jóvenes andaluces.

アンダルシアの若者の間で起業家精神が広がっています。

Manolo siempre tiene una buena excusa.

マノロはいつもうまい言い訳をする。

Se producen muchos accidentes el fin de semana.

週末は事故が多発する。

Quieren mejorar la imagen de Japón.

(彼らは) 日本のイメージアップを図りたいと思っている。

Criticaron mi modo de pensar.

私の考え方が批判された。

A la ocasión la pintan calva.

好機を逃してはいけない。(好機逸すべからず。)

Puedes escoger la opción que te parezca mejor.

一番いいと思われる選択肢を選んでください。

Quick Review

- [ ] カード
- [ ] 読書
- [ ] 会話
- [ ] 行動、活動、行い
- [ ] 態度
- [ ] 活動
- [ ] 注意、応対
- [ ] 差、相違

CHECK-1 ► CHECK-2 ◄ 49 ►

No.	Palabra	意味
□ 385	orden *M*	順序、序列、秩序、階級
□ 386	orden *F*	命令、オーダー（注文）
□ 387	paso *M*	歩（ほ）、歩み
□ 388	presente *M*	現在
□ 389	principio *M*	初め、主義
□ 390	razón *F*	道理、理由、分別
□ 391	sentido *M*	意味
□ 392	sociedad *F*	社会

動詞 名詞 形容詞 副詞 便利なフレーズ

Quick Review

□ duda □ espíritu □ excusa □ fin
□ imagen □ modo □ ocasión □ opción

CHECK-3

La lista está en orden alfabético.

リストはアルファベット順になっている。

Nadie puede incumplir sus órdenes.

誰も彼の命令に背けない。

Vamos a dar un paso adelante.

一歩前進しましょう。

El presente es fugaz. Pronto se convierte en pasado.

現在はつかの間だ。すぐに過去になる。

El nuevo modelo se lanzará a principios del mes que viene.

来月初めにニューモデルがリリースされる。

a principios de ... = (月など期間の) 初めに

Tú siempre tienes razón.

君はいつも正しい (道理にかなっている)。

El sentido común varía dependiendo de la cultura.

常識は文化によって異なる。

sentido común = 常識

Hay que buscar una sociedad más equitativa.

より公正な社会を模索する必要がある。

Quick Review

- ☐ 疑い
- ☐ 精神
- ☐ 言い訳
- ☐ 終わり
- ☐ イメージ、映像、画像
- ☐ やり方、方法、様式
- ☐ 機会
- ☐ 選択 (の自由)、選択肢

CHECK-1 ► CHECK-2 ◄ 50 ►

☐ 393
lado　　側、辺
M

☐ 394
barba　　（頬と顎の）ひげ
F

☐ 395
bigote　　口ひげ
M

☐ 396
girasol　　ひまわり
M

☐ 397
planta　　植物
F

☐ 398
acento　　アクセント
M

☐ 399
gramática　　文法
F

☐ 400
vocabulario　　語彙、ボキャブラリー
M

Quick Review

☐ orden　☐ orden　☐ paso　☐ presente
☐ principio　☐ razón　☐ sentido　☐ sociedad

Check-3

El triángulo equilátero tiene los tres lados iguales.

正三角形は３辺の長さが同一だ。

Papá Noel lleva barba blanca.

サンタクロースは白い顎ひげを生やしている。

Salvador Dalí es conocido también por su bigote.

ダリは彼の口ひげでも知られている。

En casa usamos aceite de girasol para freír.

家では揚げ物にひまわりオイルを使っている。

Las plantas agradecen la atención constante. Yo les hablo y les canto.

植物は丹念な世話にこたえてくれる。だから、私は植物に話しかけ歌を歌ってあげるのだ。

Silvia tiene acento andaluz.

シルビアはアンダルシアのアクセントがある。

Me gusta la clase de gramática, pero no me gusta la de conversación.

私は文法の授業は好きですが、会話の授業は好きではありません。

El objetivo de este libro es aprender vocabulario.

この本の目的は、語彙の習得だ。

Quick Review

- □ 順序、序列、秩序、階級
- □ 命令、オーダー（注文）
- □ 歩、歩み
- □ 現在
- □ 初め、主義
- □ 道理、理由、分別
- □ 意味
- □ 社会

付録 -2：時間に関する表現

81

1	año	年
2	mes	月
3	semana	週
4	día	日
5	hora	時間
6	minuto	分
7	segundo	秒

8	por la mañana	午前中、午前に
9	por la tarde	午後、午後に
10	por la noche	夜間、夜に
11	hoy	今日
12	mañana	明日
13	ayer	昨日
14	anteayer	おととい
15	pasado mañana	あさって
16	todos los días	毎日

17	próximo, -ma	来…、次の
18	próximo año	来年
19	el/la ... pasado, -da	先…、去…、過去の
20	el mes pasado	先月
21	todos los/las ...	毎…、全ての
22	todas las mañanas	毎朝

23	mediodía	正午
24	en punto	ちょうど、きっかり
25	siglo	世紀
26	época	時代
27	calendario	カレンダー

形容詞

第８週

- □２日目 51
- □３日目 52
- □４日目 53
- □５日目 54
- □６日目 55
- □７日目 56

第９週

- □１日目 57
- □２日目 58
- □３日目 59
- □４日目 60

CHECK-1 ▶ CHECK-2 ◀ 51 ▶

□ 401
amplio, -plia　広い

□ 402
ancho, -cha　幅が広い

□ 403
central　中央の

□ 404
céntrico, -ca　中心の、中心にある

□ 405
estrecho, -cha　幅が狭い

□ 406
exterior　外部の、外側の、外面的な

□ 407
interior　内部の、内側の

□ 408
luminoso, -sa　（日光で）明るい

Quick Review 【P. 142】

□ típico, -ca　□ extranjero, -ra　□ industrial　□ occidental
□ oriental　□ actual　□ anterior　□ pronto, -ta

CHECK-3

La sala de conciertos es bastante amplia.

コンサートホールはかなり広い。

El pasillo es muy ancho.

廊下はとても広い。

Este hotel cuenta con sistema de calefacción central.

このホテルはセントラルヒーティングになっている。

Este apartamento es pequeño pero se ubica en un barrio céntrico.

このアパートは小さいが、中心地にある。

Me dan mucho miedo las calles estrechas.

私は細い道はとても怖い。

El comercio exterior ha crecido un 10%.

貿易（外との取引）は 10 パーセント伸びた。

comerico exterior＝貿易

Quiero comprar ropa interior.

私は下着（内側の服）が買いたい。

ropa interiori ＝下着

Esta habitación es muy luminosa.

この部屋は（日が差して）とても明るい。

□ 典型的な	□ 外国の	□ 産業の、工業の	□ 西洋的な
□ 東洋的な	□ 現在の	□ 前の	□ 早い、素早い

CHECK-1 ► CHECK-2 ◄ 52 ►

□ 409
inmobiliario, -ria 不動産の

□ 410
madrileño, -ña マドリッドの

□ 411
moderno, -na 現代的な、最新の

□ 412
oscuro, -ra 暗い

obscuro, -ra とも表記される

□ 413
ruidoso, -sa うるさい、騒々しい

□ 414
hondo, -da 深い

□ 415
cubierto, -ta 覆われた

□ 416
magnífico, -ca 壮大な、豪華な

Quick Review

□ amplio, -plia	□ ancho, -cha	□ central	□ céntrico, -ca
□ estrecho, -cha	□ exterior	□ interior	□ luminoso, -sa

CHECK-3

Muchas agencias inmobiliarias han tenido que cerrar por la crisis del sector de la construcción.
多くの不動産会社は建設業界の不況のため閉鎖せざるを得なくなった。

El cocido madrileño es un plato típico de Madrid.
コシード・マドリレーニョはマドリッドの郷土料理だ。

Los vaqueros de mi primo son muy modernos.
私のいとこのジーンズはとてもモダンだ。

Hay que poner más luz en el baño. Ahora está muy oscuro.
浴室にもっと照明を付ける必要がある。今はとても暗い。

El camión de la basura es muy ruidoso y me despierta.
ゴミ収集車はかなりうるさくて、目が覚める。

La canción expresa una pena muy honda.
歌はとても深い傷心を表現している。

Este hotel tiene piscina cubierta.
このホテルは屋内（覆われた）プールがある。

El Palacio Real de Madrid es magnífico.
マドリッドの王宮は壮大だ。

Quick Review

- ☐ 広い
- ☐ 幅が狭い
- ☐ 幅が広い
- ☐ 外部の、外側の、外面的な
- ☐ 中央の
- ☐ 内部の、内側の
- ☐ 中心の、中心にある
- ☐ （日光で）明るい

CHECK-1 ► CHECK-2 53

□ 417	soltero, -ra	独身の
□ 418	casado, -da	結婚している、既婚の
□ 419	divorciado, -da	離婚している、離婚した
□ 420	separado, -da	別居している、別居した
□ 421	viudo, -da	配偶者を亡くした、未亡人の、やもめの
□ 422	sociable	社交的な
□ 423	tímido, -da	内気な、遠慮がちな、気の弱い
□ 424	antipático, -ca	感じの悪い、反感を抱かせる

Quick Review

□ inmobiliario, -ria □ madrileño, -ña □ moderno, -na □ oscuro, -ra
□ ruidoso, -sa □ hondo, -da □ cubierto, -ta □ magnífico, -ca

CHECK-3

Cuando era soltero iba a muchas fiestas.

独身だったときは、よくパーティーに出かけた。

Jaime está casado.

ハイメは結婚している。

La señora de allí está recién divorciada.

あの女性は最近離婚した。

Ese señor está separado de su mujer.

その男性は奥さんと別居している。

Las señoras viudas van frecuentemente a la iglesia.

未亡人の女性はよく教会へ行く。

Era muy sociable, conocía a todo el mundo.

とても社交的だったので、皆と知り合いだった。

Federico Mompou era tímido y eso se refleja en su música.

フェデリコ・モンポウはとても内気だったが、それが彼の音楽にも表れている。

Por favor, no seas antipático.

お願いだから、感じ悪くしないでね。

Quick Review

- □ 不動産の
- □ マドリッドの
- □ 現代的な、最新の
- □ 暗い
- □ うるさい、騒々しい
- □ 深い
- □ 覆われた
- □ 壮大な、豪華な

CHECK-1 ► CHECK-2 ◄ 54 ►

☐ 425
capaz　能力がある

☐ 426
trabajador, -ra　働き者の、勤勉な

☐ 427
activo, -va　行動的な、アクティブな

☐ 428
optimista　楽天的な、楽観論の

☐ 429
pesimista　悲観的な、弱気な

☐ 430
romántico, -ca　ロマンチックな

☐ 431
divertido, -da　面白い、楽しい

☐ 432
rico, -ca　金持ちの、おいしい

Quick Review

☐ soltero, -ra　☐ casado, -da　☐ divorciado, -da　☐ separado, -da
☐ viudo, -da　☐ sociable　☐ tímido, -da　☐ antipático, -ca

Check-3

El hombre nunca sabe lo que es capaz de hacer hasta que lo intenta.
人はやってみるまで何ができるか分からない。

Mi secretaria es trabajadora y nunca falta al trabajo.
私の秘書は働き者で、決して欠勤しない。

Estos niños son muy activos.
これらの子どもたちはとてもアクティブだ。

Ser optimista es necesario en los tiempos actuales.
現在のような時代には楽天的になる必要がある。

Actualmente prevalece la visión pesimista sobre la economía española.
現在、スペイン経済に関して悲観的な見方が優勢である。

Mi novio era mucho más romántico antes.
私の彼は昔はもっとロマンチックだった。

Mi novio es divertido.
私のボーイフレンドは面白い。

Ser rico no lo es todo en la vida.
人生で金持ちになることが全てではない。

Quick Review

□ 独身の □ 結婚している、既婚の □ 離婚している、離婚した □ 別居している、別居した
□ 配偶者を亡くした □ 社交的な □ 内気な、遠慮がちな □ 感じの悪い

CHECK-1 ► CHECK-2 ◄ 55 ►

□ 433
civil　民法上の、民事の、市民の

□ 434
público, -ca　公的な

□ 435
social　社会の、社交的な

□ 436
físico, -ca　身体の、物質の

□ 437
humano, -na　人間の、人道的な

□ 438
individual　個人の、個別の

□ 439
mental　精神の、知的能力の

□ 440
propio, -pia　…自身の

Quick Review

□ capaz	□ trabajador, -ra	□ activo, -va	□ optimista
□ pesimista	□ romántico, -ca	□ divertido, -da	□ rico, -ca

CHECK-3

En España se casan por lo civil y por la iglesia.

スペインでは民法上の婚姻と教会婚がある。

Yo estudio en una universidad pública.

私は公立大学で学んでいます。

El sistema de seguridad social de España es uno de los mejores del mundo.

スペインの社会保障制度は世界でも最良の制度の一つだ。

Hay que hacer ejercicio físico para llevar una vida saludable.

健康な生活をおくるためには（身体）運動をしなければならない。

Errar es humano, perdonar es divino.

 過ちは人の常、許すは神の業。（誤るのは人間的であり、許すのは神的である。）

Este ventilador es para uso individual.

この扇風機は個人用だ。

La salud es el estado de completo bienestar físico, mental y social.

健康とは、身体的、精神的、社会的に完全に良い状態のことである。

Yo lo vi con mis propios ojos.

私がこの目でそれを見た。

Quick Review

- ☐ 能力がある
- ☐ 働き者の、勤勉な
- ☐ 行動的な、アクティブな
- ☐ 楽天的な、楽観論の
- ☐ 悲観的な、弱気な
- ☐ ロマンチックな
- ☐ 面白い、楽しい
- ☐ 金持ちの、おいしい

CHECK-1 ▶ CHECK-2 ◀ 56 ▶

□ 441	contento, -ta	うれしい、満足している
□ 442	vivo, -va	生きている、生き生きとした
□ 443	rizado, -da	カールした、ウェーブのかかった
□ 444	liso, -sa	まっすぐな
□ 445	bello, -lla	美しい
□ 446	hermoso, -sa	美しい
□ 447	lindo, -da 中南米	きれいな、美しい
□ 448	fino, -na	上品な、細かい、繊細な

Quick Review

□ civil	□ público, -ca	□ social	□ físico, -ca
□ humano, -na	□ individual	□ mental	□ propio, -pia

CHECK-3

Estoy muy contento de saber que eres feliz.

君が幸せだと知って、私はうれしい。

Es el vivo retrato de su padre.

（彼は）父親の生き写しだ。

Por mucho que hagas para tener el pelo rizado, su estado natural es liso.

髪の毛をカールさせようといろいろやっても、髪の自然な状態はまっすぐだ。

Me gustaría tener el pelo liso.

私はストレートヘアにしたい。

"La Bella y la Bestia"

『美女と野獣』

El optimismo es la creencia de que todo es hermoso.

楽観主義とは全てが美しいとする信条である。

México es un país lindo.

メキシコは美しい国だ。

Es una mujer fina.

(彼女は) 上品な女性だ。

Quick Review

- ☐ 民法上の、民事の、市民の
- ☐ 公的な
- ☐ 社会の、社交的な
- ☐ 身体の、物質の
- ☐ 人間の、人道的な
- ☐ 個人の、個別の
- ☐ 精神の、知的能力の
- ☐ …自身の

Check-1 ▶ Check-2 ◀ 57 ▶

□ 449
cierto, -ta　本当の、確実な

□ 450
correcto, -ta　正しい

□ 451
justo, -ta　公正な

□ 452
principal　主要な

□ 453
artístico, -ca　芸術的な

□ 454
corriente　普通の

□ 455
dicho, -cha　前述の

□ 456
sencillo, -lla　片道の、単純な

Quick Review

□ contento, -ta	□ vivo, -va	□ rizado, -da	□ liso, -sa
□ bello, -lla	□ hermoso, -sa	□ lindo, -da	□ fino, -na

CHECK-3

No es cierto.

それは違う。

Escoja la opción correcta.

正しい選択肢を選びなさい。

No es justo que tengamos que pagar siempre por él.

いつも私たちが彼の分を払わなければならないのは不公平だ。

Quedamos en la entrada principal del edificio.

（私たちは）建物の正面入り口で待ち合わせた。

quedar en ... = 〜で待ち合わせる

Este libro es sobre la vida y trayectoria artística de Frida Kahlo.

この本はフリーダ・カーロの人生と芸術家としての経歴についてのものだ。

Soy una mujer común y corriente.

私は平凡な女性だ。

En dichos países ha aumentado el paro.

前述の国々では失業者が増加した。

El billete sencillo sale más caro que el billete de ida y vuelta.

片道切符は往復切符よりも高くつく。

Quick Review

- ☐ うれしい、満足している
- ☐ 生きている、生き生きとした
- ☐ カールした、ウェーブのかかった
- ☐ まっすぐな
- ☐ 美しい
- ☐ 美しい
- ☐ きれいな、美しい
- ☐ 上品な、細かい、繊細な

CHECK-1 ▶ CHECK-2 ◀ 58 ▶

□ 457 ambos, -bas 複	両方の
□ 458 bastante	かなりの
□ 459 mucho, -cha	たくさんの
□ 460 poco, -ca	わずかな、少ない
□ 461 entero, -ra	全部の、全体の
□ 462 total	完全な、総計の
□ 463 medio, -dia	半分の
□ 464 lleno, -na	いっぱいの、満ちた

Quick Review

□ cierto, -ta　□ correcto, -ta　□ justo, -ta　□ principal
□ artístico, -ca　□ corriente　□ dicho, -cha　□ sencillo, -lla

CHECK-3

Ambas manos están sucias.

両手が汚れている。

Hace bastante calor en Andalucía.

アンダルシアの暑さはかなり厳しい。

Hay muchas personas amables.

親切な人がたくさんいる。

Nos queda poco dinero en efectivo.

私たちは現金が残り少なくなっている。

Tardé un día entero en escribir una carta.

（私は）手紙を 1 通書くのに丸 1 日かかった。

Un amigo es alguien que te deja total libertad para ser tú mismo.

友人とは、君が君でいるための完全な自由を持たせてくれる人だ。

Compré medio litro de leche.

（私は）牛乳 0.5 リットル（半リットル）を買った。

El restaurante está lleno.

レストランは満席だ。

Quick Review

- [ ] 本当の、確実な
- [ ] 正しい
- [ ] 公正な
- [ ] 主要な
- [ ] 芸術的な
- [ ] 普通の
- [ ] 前述の
- [ ] 片道の、単純な

CHECK-1 ► CHECK-2 ◄ 59 ►

□ 465
derecho, -cha 右の、真っすぐな

□ 466
elemental 基本の、基礎の、初歩的な、簡単な

□ 467
general 全体の、一般的な

□ 468
junto, -ta 一緒の、集まった

□ 469
vario, -ria さまざまの、いろいろな

「さまざまの、いろいろな」の意味で使う場合は、通常複数形 varios, -rias となる

□ 470
extraño, ña 奇妙な

□ 471
puro, -ra 純粋な、全くの

□ 472
raro, -ra 奇妙な、まれな

Quick Review

□ ambos, -bas	□ bastante	□ mucho, -cha	□ poco, -ca
□ entero, -ra	□ total	□ medio, -dia	□ lleno, -na

CHECK-3

Él es el brazo derecho del presidente.

彼は社長の右腕だ。

El curso elemental de español comienza la semana que viene.

スペイン語初級コースは来週開講する。

La asamblea general de accionistas se celebra una vez al año.

株主総会は年に 1 度開かれる。

Salieron todos juntos.

みんな一緒に出かけた。

Esta expresión tiene varios significados.

この表現はいろいろな意味がある。

Es extraño que no haya venido ningún alumno.

生徒が 1 人も来ていないのは変だ。

Fue por pura casualidad.

全くの偶然だった。

¡Qué cosa más rara!

なんて奇妙なことだ！

Quick Review

- [ ] 両方の
- [ ] かなりの
- [ ] たくさんの
- [ ] わずかな、少ない
- [ ] 全部の、全体の
- [ ] 完全な、総計の
- [ ] 半分の
- [ ] いっぱいの、満ちた

CHECK-1 ► CHECK-2 ◄ 60 ►

☐ 473
típico, -ca 典型的な

☐ 474
extranjero, -ra 外国の

☐ 475
industrial 産業の、工業の

☐ 476
occidental 西洋的な

☐ 477
oriental 東洋的な

☐ 478
actual 現在の

☐ 479
anterior 前の

☐ 480
pronto, -ta 早い、素早い

Quick Review

☐ derecho, -cha ☐ elemental ☐ general ☐ junto, -ta
☐ vario, -ria ☐ extraño, ña ☐ puro, -ra ☐ raro, -ra

Check-3

"¿Por qué dejaste tu último trabajo?" es una de las preguntas típicas que se hacen en una entrevista de trabajo.

「どうして前の仕事を辞めたのですか?」は、面接で聞かれる典型的な質問だ。

Me gusta aprender idiomas extranjeros.

私は外国語を学習するのが好きだ。

Su empresa se dedica al reciclaje de residuos industriales.

彼の会社は工業廃棄物のリサイクルに取り組んでいる。

La comida occidental está muy difundida en Japón.

西洋料理は日本ではとても普及している。

La medicina oriental está cada vez más de moda en Europa.

東洋医学がヨーロッパで流行しつつある。

Este es un estudio sobre la situación actual de las mujeres en la cárcel.

これは刑務所における女性たちの現状(現在の状況)に関する研究です。

No pude dormir la noche anterior a la entrevista de trabajo.

(私は)就職面接の前夜は眠れなかった。

Le deseo una pronta recuperación.

早期のご回復を祈念します。

Quick Review

- □ 右の、真っすぐな
- □ 基本の、基礎の、初歩的な
- □ 全体の、一般的な
- □ 一緒の、集まった
- □ さまざまの、いろいろな
- □ 奇妙な
- □ 純粋な、全くの
- □ 奇妙な、まれな

Memo

副詞 / 便利なフレーズ

第９週

□ 5日目 61

□ 6日目 62

□ 7日目 63

第10週

□ 1日目 64

□ 2日目 65

□ 3日目 66

□ 4日目 67

CHECK-1 ► CHECK-2 ◄ 61 ►

□ 481
acá ここに、ここで

□ 482
ahí そこに、そこで

□ 483
adentro 中へ、中で

□ 484
afuera 外へ、外で

□ 485
atrás 後ろへ、後ろで

□ 486
aun …でさえ、…にもかかわらず

□ 487
alrededor （時間）ごろ、周りに

□ 488
recientemente 最近

Quick Review

□ físicamente □ mentalmente □ deprisa □ rápidamente
□ tranquilamente □ acaso □ generalmente □ bastante

【P. 148】

CHECK-3

Ven acá.

ここに来て。

Ahí tiene su abrigo colgado.

そこにあなたのコートが掛けてあります。

Vamos adentro.

中へ入ろう。

Discuten la reforma laboral en el Congreso y afuera hay protestas.

議会では労働改革が協議されている。そして、外では抗議活動がなされている。

No vuelva la cara atrás.

後ろを振り向くな。

Aun en pleno verano él llevaba corbata y traje.

彼は真夏でもスーツにネクタイをしていた。

El accidente ocurrió alrededor de las cuatro de la tarde.

事故は午後４時ごろ起きた。

Recientemente han abierto dos supermercados en este barrio.

最近、この地区にスーパーマーケットが２軒オープンした。

Quick Review

- [ ] 肉体的に
- [ ] 精神的に
- [ ] 急いで
- [ ] 速く、すぐに
- [ ] 穏やかに、落ち着いて
- [ ] もしかすると
- [ ] 一般的に
- [ ] かなり

動詞 名詞 形容詞 副詞 便利なフレーズ

CHECK-1 ► CHECK-2 ◄ 62 ►

□ 489
fisicamente 肉体的に

□ 490
mentalmente 精神的に

□ 491
deprisa 急いで

□ 492
rápidamente 速く、すぐに

□ 493
tranquilamente 穏やかに、落ち着いて

□ 494
acaso もしかすると

□ 495
generalmente 一般的に

□ 496
bastante かなり

Quick Review

□ acá □ ahí □ adentro □ afuera
□ atrás □ aun □ alrededor □ recientemente

Check-3

Ese hombre es muy fuerte físicamente.

この男性は肉体的にとても強靭(きょうじん)です。

Estoy agotado mentalmente.

私は精神的に疲弊している。

Cuando haces las cosas deprisa, no te salen bien.

急いで物事をすると、うまくいかないよ。

Los niños crecen rápidamente.

子どもたちはすぐに成長する。

Estábamos comiendo tranquilamente cuando sonó el teléfono.

電話が鳴ったとき、私たちは平穏に食事をしていた。

¿Acaso no sabe usted con quién está hablando?

もしかするとあなたは今、誰とお話しになっているかご存じないのですか?

Generalmente la gente tiende a prejuzgar a los demás.

一般的に人は予断をもって他人を判断する傾向がある。

Ya es bastante tarde.

もうかなり遅い。

Quick Review

- ☐ ここに、ここで
- ☐ そこに、そこで
- ☐ 中へ、中で
- ☐ 外へ、外で
- ☐ 後ろへ、後ろで
- ☐ …でさえ、…にもかかわらず
- ☐ (時間)ごろ、周りに
- ☐ 最近

動詞 名詞 形容詞 副詞 便利なフレーズ

Check-1 ▶ Check-2

□ 497
a finales　…の終わりごろ

□ 498
a la derecha　右に

□ 499
a la izquierda　左に

□ 500
a la plancha　鉄板焼き

□ 501
a lo mejor　もしかしたら

□ 502
a menudo　頻繁に

□ 503
a veces　時々

□ 504
a pie　歩いて

Quick Review 【P. 158】

□ hay que +不定詞　□ estar en paro　□ ahora mismo　□ ir a +不定詞
□ volver a +不定詞　□ dejar de +不定詞　□ es que…　□ al +不定詞

CHECK-3 ◄ 63 ►

A finales de mes tienen lugar varias fiestas.

月末に、お祭りがいくつかある。

tener lugar = 行われる、催される

Pueden ver el Palacio Real a la derecha.

右手に王宮が見える。

A la izquierda se encuentra un famoso restaurante.

左手に有名なレストランがある。

Quiero merluza a la plancha, por favor.

メルルーサ（白身の魚）の鉄板焼きをお願いします。

A lo mejor podemos ir al museo esta tarde.

もしかしたら今日の午後、博物館に行けるかもしれない。

En esta zona llueve a menudo.

この地域では頻繁に雨が降る。

En la plaza, a veces, hay artistas callejeros.

広場には時々街頭芸人がいる。

Para ir al castillo hay que ir a pie.

お城に行くには歩いていかなければならない。

Quick Review

□ …する必要がある □ 失業している □ 今すぐ、ちょうど今 □（近い未来の行為）
□ 再び…する、…しなおす □ …するのをやめる □ だって…だもの（言い訳）□ …するやいなや

CHECK-1 ► CHECK-2

☐ 505
a propósito　ところで、わざと

☐ 506
por si acaso　万が一、念のため

☐ 507
al contado　現金で一括払いする

☐ 508
al contrario　反対に

☐ 509
al final de　…の終わりに

☐ 510
al lado de　…の横に、…の隣に

☐ 511
junto a　…と一緒に、…の隣に

☐ 512
todo recto　ずっとまっすぐ

Quick Review

☐ a finales　☐ a la derecha　☐ a la izquierda　☐ a la plancha
☐ a lo mejor　☐ a menudo　☐ a veces　☐ a pie

CHECK-3 ◄ 64 ►

Se cayó a propósito.

(彼は) わざと転んだ。

Por si acaso nos perdemos, este será el punto de encuentro.

万が一迷ったら、ここが私たちが待ち合わせる場所だよ。

En el autobús hay que pagar al contado.

バスでは現金で払わなければならない。

– ¿Te molesta la música? – Al contrario, ¡me encanta!

「音楽が不快かな？」「とんでもない。大好きだよ!」

Al final de la calle hay una cafetería.

この通りの終わりにカフェテリアがある。

Al lado del banco hay una tienda de souvenirs.

銀行の隣に土産物屋がある。

En la foto el niño está junto a su madre.

写真では、子どもはお母さんのそばに一緒にいます。

Si sigue todo recto, verá un museo.

ずっとまっすぐ行くと、博物館が見える。

Quick Review

□ …の終わりごろ	□ 右に	□ 左に	□ 鉄板焼き
□ もしかしたら	□ 頻繁に	□ 時々	□ 歩いて

動詞
名詞
形容詞
副詞
便利なフレーズ

Check-1 ► Check-2

☐ 513
a continuación　引き続き

☐ 514
en directo　ライブで、生中継で

☐ 515
en vivo　ライブで、生きた状態で

☐ 516
excepto　…を除いて、…以外は

☐ 517
en general　一般的に、総じて

☐ 518
por supuesto　もちろん

☐ 519
por ejemplo　例えば

☐ 520
por fin　やっと、ついに

Quick Review

☐ a propósito　☐ por si acaso　☐ al contado　☐ al contrario
☐ al final de　☐ al lado de　☐ junto a　☐ todo recto

CHECK-3 65

Cierre la caja fuerte y a continuación teclee el código de cuatro dígitos.

セキュリティーボックスを閉めて、その後、4 桁の数字を入力してください。

El partido será transmitido en directo desde Río de Janeiro.

試合はリオデジャネイロから生中継される予定だ。

En este local se puede oír música en vivo.

この店ではライブミュージックが聞ける。

Hoy iremos a la playa excepto el grupo que se va de compras.

ショッピングに行くグループ以外は、私たちは今日はビーチに行く。

El viaje ha sido muy bueno en general.

全体的に旅行はとても良かった。

– ¿Vienes mañana? – ¡Por supuesto!

「明日来る？」「もちろんさ！」

Por ejemplo, ¿qué te parece a las dos?

例えば、２時はどう？

Por fin terminamos el trabajo.

やっと私たちは仕事が終わった。

Quick Review

□ ところで、わざと □ 万が一、念のため □ 現金で一括払いする □ 反対に
□ …の終わりに □ …の横に、…の隣に □ …と一緒に、…の隣に □ ずっとまっすぐ

動詞 名詞 形容詞 副詞 便利なフレーズ

CHECK-1 ► CHECK-2

☐ 521
desde luego　もちろん

☐ 522
de acuerdo　了解

☐ 523
de nada　どういたしまして

☐ 524
de repente　突然

☐ 525
de vez en cuando　時々

☐ 526
sobre todo　特に

☐ 527
valer la pena ＋不定詞　…する価値がある

☐ 528
tener que ＋不定詞　…しなければならない

Quick Review

☐ a continuación　☐ en directo　☐ en vivo　☐ excepto
☐ en general　☐ por supuesto　☐ por ejemplo　☐ por fin

CHECK-3 66

Nosotros desde luego iremos.

もちろん私たちは行きます。

– ¿Nos vemos mañana a las cuatro? – De acuerdo.

「明日４時に会いましょうか？」「了解です。」

– Gracias. – De nada.

「ありがとう。」「どういたしまして。」

De repente un hombre se puso a gritar.

突然男が怒鳴り始めた。

De vez en cuando tómate un descanso.

時々、休憩を取ってください。

Yo hago mucho deporte, sobre todo en verano.

私は特に、夏によくスポーツをする。

Vale la pena visitar la Sagrada Familia.

サグラダ・ファミリアは訪れる価値がある。

Tenemos que esperar hasta las ocho.

（私たちは）８時まで待たなければならない。

Quick Review

- [ ] 引き続き
- [ ] ライブで、生中継で
- [ ] ライブで
- [ ] …を除いて
- [ ] 一般的に
- [ ] もちろん
- [ ] 例えば
- [ ] やっと、ついに

Check-1 ► Check-2

□ 529
hay que +不定詞　…する必要がある

□ 530
estar en paro　失業している

□ 531
ahora mismo　今すぐ、ちょうど今

□ 532
ir a +不定詞　（近い未来の行為）

□ 533
volver a +不定詞　再び…する、…しなおす

□ 534
dejar de +不定詞　…するのをやめる

□ 535
es que…　だって…だもの（言い訳）

□ 536
al +不定詞　…するやいなや

Quick Review

□ desde luego　□ de acuerdo　□ de nada　□ de repente
□ de vez en cuando　□ sobre todo　□ valer la pena +不定詞　□ tener que +不定詞

CHECK-3 ◄ 67 ►

Hay que conducir con cuidado.

気を付けて運転する必要がある。

Estuvo en paro pero por fin consiguió un trabajo.

（彼は）失業していたが、やっと仕事を見つけた。

El premio gordo de la lotería ha sido anunciado ahora mismo.

宝くじの大賞がたった今、発表された。

Este domingo vamos a comer con mis suegros.

今度の日曜日に義理の両親と食事をする。

Vuelva a llamar más tarde.

後でかけなおしてください。

Juan quiere dejar de fumar.

フアンはタバコをやめたがっている。

– ¿Por qué no viniste ayer? – Es que no sabía que había clase.

「どうして昨日は来なかったの？」「だって、授業があるって知らなかったんだもの。」

Al llegar a casa, empezó a llover.

家に着くなり、雨が降り始めた。

- [ ] もちろん
- [ ] 了解
- [ ] どういたしまして
- [ ] 突然
- [ ] 時々
- [ ] 特に
- [ ] …する価値がある
- [ ] …しなければならない

スペイン語のミニ文法

スペイン語は日本語話者にとって耳になじみやすい言語です。耳から聞いて覚えることを目的としている本書では、細かな文法には触れませんが、本書の例文を理解する助けとなるように、最小限の説明に絞って記します。

1 発音と表記

1.1 母音

スペイン語の母音は日本語とほぼ同じ5つです。開母音（/a/, /e/, /o/）と閉母音（/i/, /u/）が連続して現れる場合、そして、閉母音が連続して現れる場合、2重母音を構成します。2重母音は1つの音節として扱われます。これは、1.3で説明する単語のアクセントの位置を判断するために知っておくと便利です。

1.2 子音

英語や日本語のローマ字読みの慣習と異なり注意が必要となる子音を取り上げておきましょう。

• j, g：喉の奥から息を吐く際に出る音です。

ja［ハ］	ji［ヒ］	ju［フ］	je［ヘ］	jo［ホ］
	gi［ヒ］		ge［ヘ］	

• 日本語のガ行、カ行の音は次のように表記します。

ga［ガ］	gui［ギ］	gu［グ］	gue［ゲ］	go［ゴ］
ca［カ］	qui［キ］	cu［ク］	que［ケ］	co［コ］

• ü は次のように発音します。

güi［グイ］	güe［グエ］

kはスペイン語では、外来語以外には用いられず［例：kilo（キロ）］、カ行の表記にはcが用いられます［Corea（韓国）］。

hは無音で、発音しません。

rとlは、日本人が苦手とする音ですが、rは、舌端で歯茎を軽く弾き発音します。語頭に来た場合は舌先を複数回振動させます。語中でrrというように連続してつづられた場合も同様に舌先を複数回振動させます。

l は舌先を上歯茎の後ろにつけて発音します。

ll は、日本語の「リャ行」または「ジャ行」に似た音です。たとえば、スペイン料理のパエリアは paella とつづり、パエリャまたはパエジャのように発音します。

1.3 アクセント

スペイン語のアクセントには、以下のような基本的な規則があります。

1）母音または -n, -s で終わる単語は後ろから 2 番目の音節を強く発音します。

【例】 casa 家 España スペイン

2）-n, -s 以外の子音で終わる単語は、一番後ろの音節を強く発音します。

【例】 papel 紙 arroz 米

3）アクセント符号がついている場合は、その母音を強く発音します。

【例】 Japón 日本 intérprete 通訳

このルールに従って、アクセントのある音節を強く発音します。1.1 で見た 2 重母音は 1 つの音節として数えます。

【例】 cuento 物語 estación 駅

1.4 符号

スペイン語の疑問文や感嘆文では、文章の最初と最後に疑問符や感嘆符をつけます。最初の符号は、逆さまにしてつけますので、なんだかお茶目な感じがしますね。

スペイン語の語順は基本的には、自由度が高く、主語と動詞の位置はどちらが先に来るかは自由です。平叙文を疑問文にするときも、文末のイントネーションを少し上げれば、語順を変えなくても、疑問文になります。

【例】

Ellos viven aquí. 彼らはここに住んでいる。（主語＋動詞＋副詞）
Viven ellos aquí. 彼らはここに住んでいる。（動詞＋主語＋副詞）
¿Viven ellos aquí? 彼らはここに住んでいますか？（動詞＋主語＋副詞）

2 動詞

スペイン語の動詞には、辞書に載っている不定詞と呼ばれる原形と、人称と数（1 〜 3 人称単数・複数形）や時制などの文法的機能を表すために変化する活用形があります。

動詞は -ar 動詞、-er 動詞、-ir 動詞の 3 種類に分類されます。それぞれ、語尾の -ar, -er, -ir の部分が人称に応じて 6 通りに変化し、活用します。動詞の活用は付録の「動詞の活用表（規則活用、不規則活用）」（40 〜 52 ページ）を参照してください。

2.1 再帰動詞

動詞の中には不定詞の最後に se が記載されているものがあります。例えば、動詞の活用表⑥の aburrirse を見てください。

aburrir は「退屈させる」という意味で、他動詞です。この aburrir に再帰代名詞の se をつけ、aburrirse にすると、「自分自身を退屈させる」、つまり、「退屈する」という意味の自動詞になります。この再帰代名詞の se は人称に合わせて、me, te, se, nos, os, se のように活用し、「私が退屈する」なら me aburro、「君が退屈する」なら te aburres というように、動詞の語尾と再帰代名詞の両方が活用します。

3 名詞

3.1 名詞の性

スペイン語の名詞は文法上の性（男性・女性）があり、基本的には、-o で終わるのが男性名詞、-a で終わるのが女性名詞です。

3.2 名詞の数

そして、単数・複数の区別があります。母音で終わっている名詞の単数形に -s を、子音で終わっている名詞の単数形に -es をつけると、複数形になります。メガネ（las gafas）のように通常、複数形で用いられるものもあれば、傘（el paraguas / los paraguas）のように単複同形のものもあります。また、水（agua）などの不可算名詞は、普通は、複数形は使われません。

名詞の性・数に合わせて、冠詞、形容詞、指示詞、所有詞は性・数変化します。

4 冠詞

スペイン語には2種類の冠詞があり、定冠詞、不定冠詞と呼ばれています。それぞれ、名詞の性・数に合わせて変化します。

	単数			複数	
	男	女	中性	男	女
不定冠詞	un	una		unos	unas
定冠詞	el	la	lo	los	las

アクセントのあるa（またはha）で始まる女性名詞単数形の直前につける定冠詞は男性形のelを用い（例 el agua）、不定冠詞もunが用いられることがあります（例 un alma）。

前置詞のdeやaの直後に定冠詞の単数男性形elが来る場合、それぞれdel、alとなります（例 del libro, al cine）。

5 人称代名詞

話し手を指し示すのが1人称、聞き手を指し示すのは2人称、その他は3人称で表されます。注意が必要なのは、コミュニケーション上の聞き手を指し示す代名詞が2種類あり、親疎や権力関係に応じて使い分けられる点です。親しい間柄なら2人称のtú（君は）やvosotros（君たちは）を用います。聞き手との間に距離感を示したいときは3人称のusted（あなたは）やustedes（あなたがたは）が用いられます。複数の聞き手に言及する場合、中南米では一般的に2人称の複数形のvosotrosは用いられず、3人称の複数形のustedesが用いられます。アルゼンチンやパラグアイ、ボリビアなどでは、túの代わりに親しい間柄を示す2人称単数形のvosが用いられる地域もあります。

1人称と2人称の複数形は男性形と女性形があります。以上をまとめたのが次ページの表です。

数	単数					複数				
人称	1	2	3			1	2	3		
主語	yo	tú	usted*	él	ella	nosotros, -tras	vosotros, -tras	ustedes	ellos	ellas
	私は	君は	あなたは	彼は	彼女は	私たちは	君たちは	あなた方は	彼らは	彼女らは

＊ usted は Ud. と略して表記される

6 形容詞

形容詞は名詞を修飾し、名詞と性数一致します。通常は名詞の後ろに置きますが、前に置くと意味が変わるものがあります。たとえば nuevo（新しい）を用いた例を見てみましょう。

un coche nuevo　1 台の新しい車　unos coches nuevos　数台の新しい車
una casa nueva　1 軒の新しい家　unas casas nuevas　いくつかの新しい家
la nueva casa　今度の家　la casa nueva　新しい家

7 副詞

副詞は、動詞、形容詞、他の副詞を修飾し、性・数の変化はありません。形の上からは -mente のついている副詞（tranquilamente など）と、-mente のついていない副詞（bien など）に分かれます。

形容詞の女性単数形に接尾辞 -mente をつけると副詞になります。

【例】　tranquilo（落ち着いた）→　tranquilamente（落ち着いて）

男女同形の形容詞は単数形に -mente をつけます。

【例】　fácil（簡単な）　→　fácilmente（簡単に）

-mente で終わる副詞は、2 カ所にアクセントがあります。元の形容詞の強勢と -mente の強勢を維持します。たとえば fácilmente のように下線で示した 2 カ所にアクセントを置いて発音します。

8 時制

スペイン語の時制は、過去形が複雑な体系をなしており、点過去、線過去、過去完了、過去未来、過去未来完了があります。本書の動詞活用表では、最も頻繁に用いられる直説法の現在形、点過去形、線過去形の活用を紹介しています。この文法解説でも、直説法の現在、点過去、線過去の３つの時制について簡単に説明します。

時制の用法は、どの時制で起きた出来事かによって用いられる時制が客観的に決定される場合と、話者の主観的態度を表すためにさまざまな時制が用いられる場合があります。例えば、未来のことを現在形で述べることにより、確実性が高いというニュアンスを出したり、過去の出来事を現在形で述べることにより、歴史的事実としての真実性や語りの迫真性を高めたりする効果を出すことができます。つまり、用いられた時制によって、発話内容が客観的に描写されるだけではなく、話者の発話態度、つまり、発話のニュアンスが決定されるという側面があるのです。

8.1 直説法現在

直説法現在は、コミュニケーションが行われている「今」に関わる出来事や現象に言及する際に用いられます。例えば、

Juro decir la verdad.　真実を言うことを誓います。

のように発話を発話がなされた瞬間（「今」）に関連付けます。また、発話がなされた瞬間（今、ここ）を中心に広がるやや幅広い「現在」に関連付けて用いることもあります。例えば、

Hoy como con los amigos.　今日は友人たちと食事をする。

のように、厳密には未来の行為に言及していますが、hoy（今日）という「今」を少し幅広くした「現在」の範囲内に起きる出来事に現在形を用いることにより、実現可能性（確実性）が高いというニュアンスが出ます。

また、現在進行形の行為も現在形で表現されます。例えば、

Estudio español.　スペイン語を勉強する／勉強しています。

は、現在進行形の意味にもなります。そして、過去の出来事を現在形で表現することにより歴史的な事実として提示します。

Colón zarpa de Palos el 3 de agosto de 1492.

コロンブスはパロスを 1492 年 8 月 3 日に出港します。
などがこの用法に当たります。

8.2　直説法点過去

点過去は、過去の出来事、行為、状態を完結したものとして表します。例えば、

Arturo fue a la biblioteca la semana pasada.
アルトゥーロは先週図書館に行った。

なら、「行く」という行為が完結したことを表しています。点過去形は、ayer（昨日）、anoche（昨晩）、el año pasado（去年）、el mes pasado（先月）、la semana pasada（先週）、hace tres días（3 日前）などの時を表す副詞句と共に用いられる傾向があります。

8.3　直説法線過去

線過去は過去に繰り返し行われた行為や出来事や過去の習慣を表します。

【例】 Los domingos íbamos a casa de mis abuelos.
日曜日は祖父母の家に行ったものでした。

また、線過去を用いることにより丁寧さを表すこともできます。

【例】 Quería pedirle un favor.　ひとつお願いしたいことがあるのですが。

また、従属節文中の動詞が時制の一致を受けて過去形になる場合は、線過去形が用いられます。

【例】 Me dijeron que ibais vosotros.　私は君たちが行くと言われました。

時間や年齢を過去形で述べる際は線過去を用います。

【例】 Eran las seis.　6 時でした。　Tenía diez años.　10 歳でした。

線過去は、過去の出来事や状態を描写しますが、それらが完了したかどうかは明らかにされません。例えば、

Iba a la biblioteca cuando recibí la llamada.
電話をもらったとき、図書館へ行くところだった。

では、電話の後、大学へ行ったのか、予定を変更して大学へは行かなかったのかが、iba という線過去形からは不明です。

8.4　点過去と線過去

点過去が行為や出来事が過去に完結したことをはっきり表すのに対して、線過去は、過去の出来事や状態を描写しますが、行為や出来事の起点と終点ははっきりと表されません。例えば、

Cuando volví a casa, mi padre no estaba.　うちに帰ったら、父はいなかった。

のように volví（点過去形）を用いると行為が完了したことが表されますが、線過去を用いると、

Cuando volvía a casa, me encontré con Nacho.
　うちに帰るとき、ナチョに会った。

のように、完結していない行為や出来事が表されます。つまり、点過去が、さまざまな出来事が起きたり、ストーリーを展開させていくのに対し、線過去は、過去の状態の回想やストーリーの背景描写をするのです。例えば、

Cuando se despertó Juan, aún estaba oscuro.
　フアンが目を覚ましたとき、まだ暗かった。

では、「フアンが目を覚ました」というのが完結した出来事で、点過去で表され、「暗かった」はその出来事が生じたときの背景状態を描写したもので、線過去が用いられています。点過去形は完了した一度の行為や出来事を表し、線過去形は何度も繰り返された行為や出来事を表します。点過去形を用いて

Fui a la playa y tomé el sol.　ビーチに行って、日光浴をした。

なら、過去の一度の出来事が完了した様が述べられていますが、線過去形を用いて、

De niño, iba a la playa y tomaba el sol.
　子どものとき、ビーチにいって日光浴をしたものです。

なら、過去に繰り返しなされた行為や出来事が表現されているのです。

見出し語索引

見出し語に登場する語彙を索引としてまとめました。それぞれの語彙の最初にある数字は見出し語番号を、後の数字はページを表しています。

改訂版 キクタンスペイン語【初級編】基本1000語レベル

発行日：2013年1月28日（初版）
2024年4月19日（改訂版）

著者：吉田理加（愛知県立大学外国語学部准教授）
編集：株式会社アルク　出版編集部
編集協力：イグナシオ・カプデポン、ハビエル・デ・エステバン
校正：神長倉未稀、Helena Vila Mirasol、Miquel Soler Leida（リングアクラブ）

アートディレクション：細山田光宣
カバーデザイン：柏倉美地（細山田デザイン事務所）
本文デザイン・本文イラスト：奥山和典（酒冨デザイン）
帯イラスト：白井匠（白井図画室）
ナレーション：ゴンザレス・サンチェス・マリア、アナ・イサベル・ガルシア、北村浩子
スペイン語録音協力：ガブリエル・ベギリスタイン
音楽制作・音声編集：Niwaty
録音：トライアンフ株式会社
DTP・奥付デザイン：株式会社創樹
印刷・製本：シナノ印刷株式会社

発行者：天野智之
発行所：株式会社アルク
〒102-0073　東京都千代田区九段北4-2-6　市ヶ谷ビル
Website：https://www.alc.co.jp/

PC：7024064　ISBN：978-4-7574-4205-4

本書は『キクタンスペイン語【初級編】』（初版：2013年1月28日）をもとに、
時代に合わせた例文の見直しなどを行い、音声をダウンロード提供とした改訂版となります。